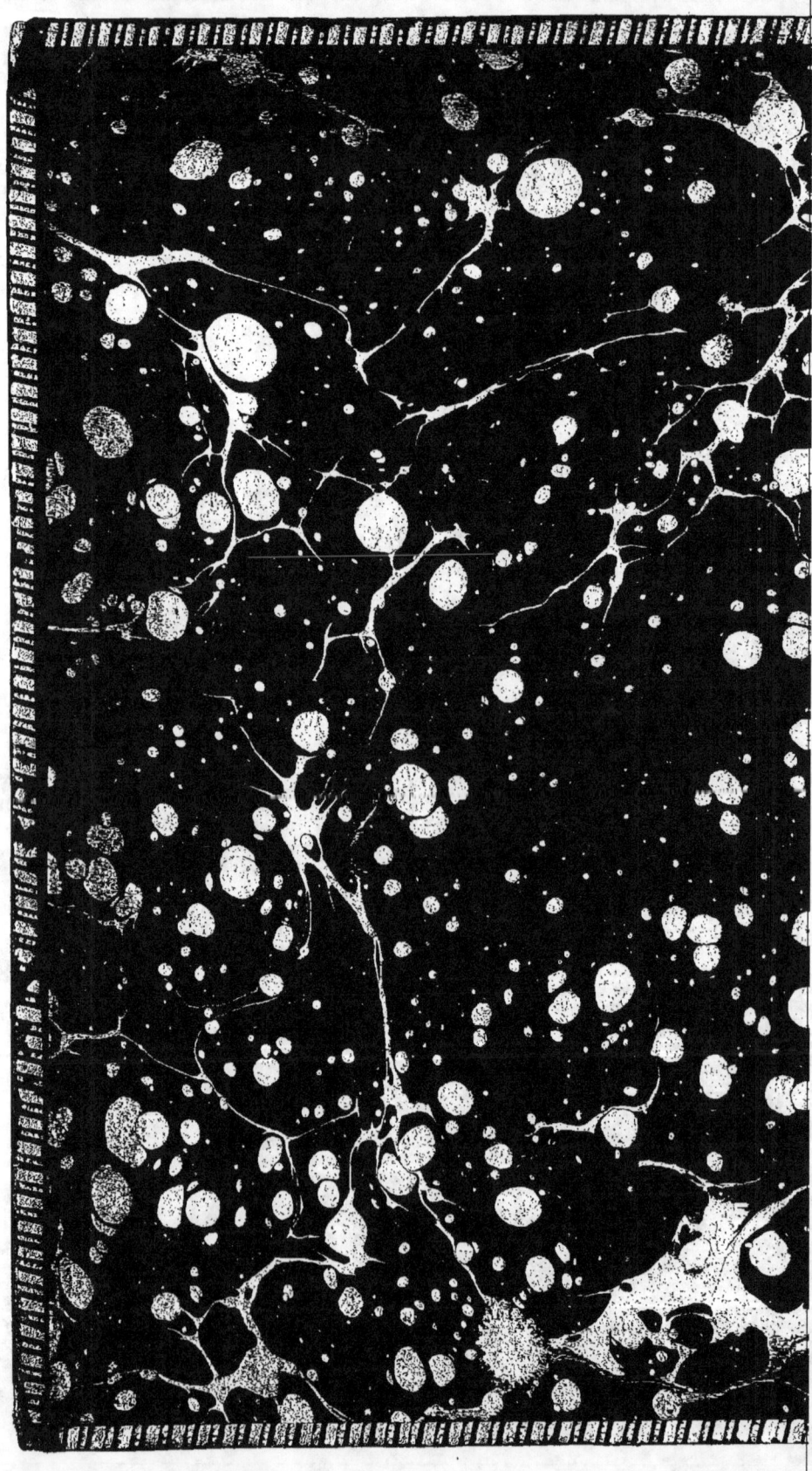

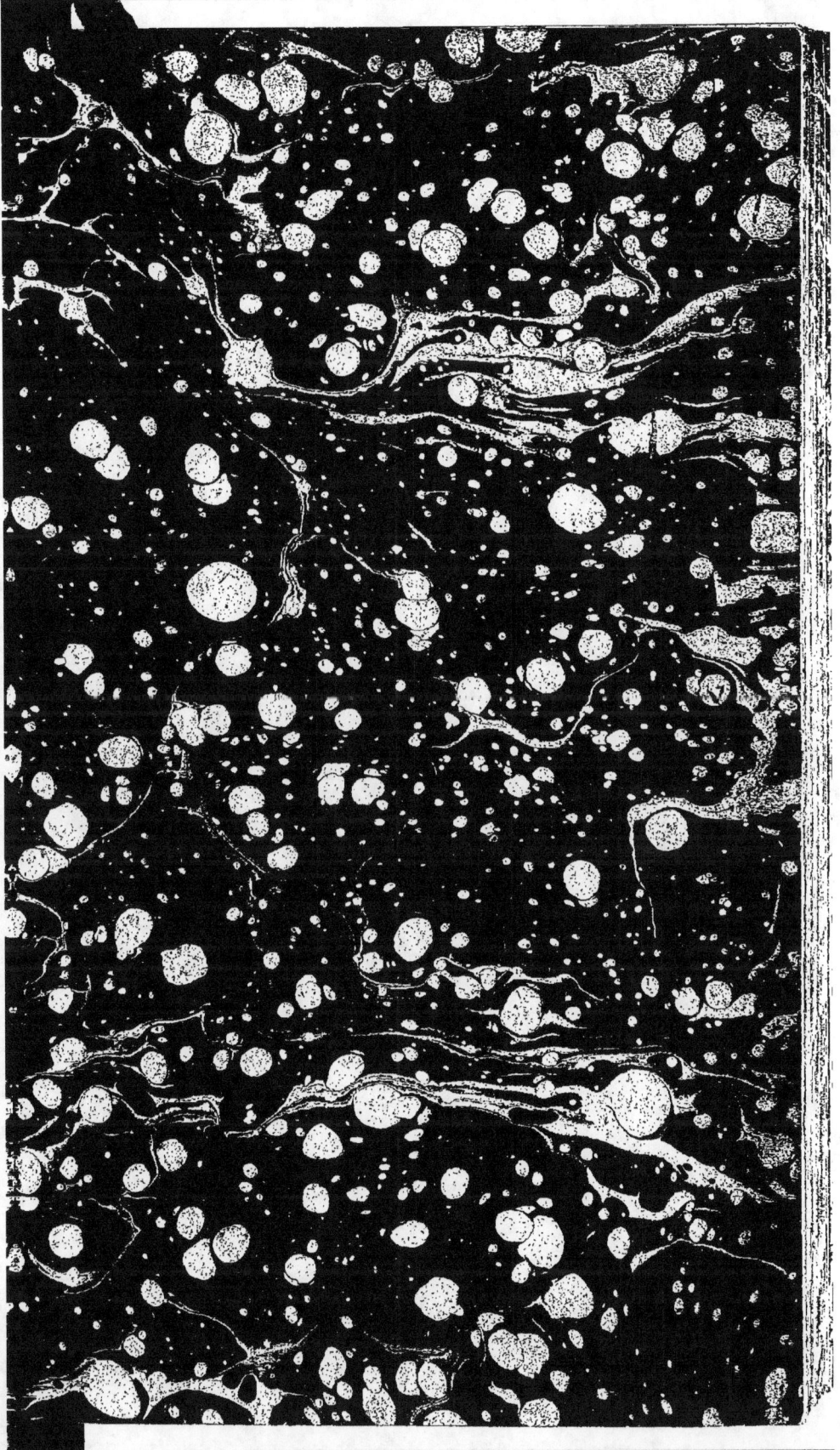

Par David Gratie d'après Barbier
Gradis

R 2238.
24. 4.

ESSAI
DE PHILOSOPHIE
RATIONNELLE,

SUR L'ORIGINE DES CHOSES,

ET SUR

LEUR ETERNITÉ FUTURE;

OU

DISSERTATION et discussions philosophiques, sur la coéternité de la matière, et sur la Providence Divine, contre la Création et l'Athéisme,

PAR D. G**, DE BORDEAUX.

Nouvelle édition, corrigée et considérablement augmentée dans ses dernières parties.

A PARIS,

Chez BERTRAND, Libraire, quai des Augustins;

ET A BORDEAUX,

Chez AUDIBERT et BURKEL, Imprimeurs-Libraires, Allées de Tourny.

PRÉFACE.

La Philosophie rationnelle, qui traitant de l'origine des choses a pour objet de considération Dieu, l'ame, l'espace, la matière, etc. etc. et à laquelle se rapportent les écrits que renferme cet essai, est loin d'avoir suivi les progrès qu'ont généralement fait toutes les autres sciences. Diverses causes en ont particulièrement arrêté la marche, depuis le renouvellement des Lettres; l'une est l'intolérance qui a si fort restraint la liberté d'en agiter les questions les plus délicates, et pourtant les plus essentielles à approfondir; l'autre que Clarke a le plus accréditée, est d'avoir envisagé cette origine d'une manière trop abstraite, et qui en ce genre lui-même purement abstrait, fait nécessairement tomber dans le vague. Une troisième consiste par conséquent, à ne l'avoir pas assez considérée dans ses véritables rapports, beaucoup plus à la portée de tous les esprits, et qui ont pour objet l'analogie de cette origine des choses, avec l'ordre immuable de la nature; d'où résulte une extrême probabilité, qui doit à cet égard fixer invariablement l'opinion des hommes. Ainsi on pourroit qualifier cette partie importante des connoissances humaines, la théorie des opinions probables, dont la concordance entr'elles, comme avec le même ordre immuable de la nature, constatent la parfaite certitude. Elle ne doit donc rien admettre qui implique contradiction, ni qui soit contraire à ces précieux rapports. Tout ce qui s'y concilie, tout ce qui s'adapte aux phénomènes de l'Univers, ainsi qu'aux saines idées de l'ordre et de l'analogie, doit être mis au rang des vérités démontrées, et on doit regarder comme évidemment faux, tout ce qui s'y trouve incompatible, ou qui est lui-même contradictoire; parce que rien ne peut l'être dans la nature, ni dans celui qui en est l'auteur.

Telles sont les deux limites claires et lumineuses que comporte cette science, et auxquelles je me suis constamment assujetti. Telles sont les bases fondamentalement établies, qui m'ont servi à prouver, sous ce double rapport, indépendamment de beaucoup d'autres grandes vérités analogues, que la matière n'a pas été créée, qu'elle n'a pu non plus d'elle-même, ainsi que le soutiennent les athées, se mouvoir et s'organiser de la manière que nous la voyons subsister dans l'Univers, ni même d'aucune autre manière; mais qu'au renversement de leur funeste système, c'est uniquement à la Providence Divine, que sont dues la formation, la direction des mondes et de tout ce qui les compose, comme c'est elle seule qui leur a imprimé ce caractère de perfection et de solidité impérissable, qui en nécessite l'éternité future.

Je sens parfaitement que je ne dois l'enchaînement, la clarté et la force de ces preuves, qu'à la manière dont j'ai eu, non le talent, mais le bonheur d'envisager l'origine de toutes les choses. C'est pourquoi j'apprécie cet essai de philosophie rationnelle, moins en lui-même, que parce qu'il mettra les bons esprits sur la voie des autres vérités essentielles, dont cette vaste carrière est susceptible; puisqu'elle n'a de bornes, que les limites qui en sont posées.

Mais comme c'est de la coéternelle existence des deux principes, l'un souverainement actif et l'autre essentiellement passif, Dieu et la matière, que découlent toutes les vérités que j'en ai successivement déduites, et celles qu'on en fera résulter, pour en former un ouvrage classique, débarrassé de tout fatras métaphysique qui en est l'abus, j'ai dû m'occuper avant tout d'établir invariablement cette première vérité, à laquelle toutes les autres prêtent une nouvelle force, qu'elle-même leur a donnée, et démontrer les contradictions insolubles qui se multiplient, qui circonscrivent, pénétrent et renversent également la création et l'athéisme, qu'on a vainement opposé à cette coéternité des deux principes, quelques suppositions qu'on ait pu mettre en avant, d'un et d'autre côté, pour en fonder la croyance, qui en n'admettant qu'un seul principe de toutes choses, n'en fait résulter, de part et d'autre, que ce qui en est le plus incompatible.

TABLE DES CHAPITRES.

LIVRE PREMIER.

Préface, page j.

Chapitre Premier. Dissertation sur l'origine du monde, ou réfutation du systême de la création, page 1.

Chap. II. Application de la coéternité de la matière, à l'examen des objections contre la notion de Dieu, que renferme l'article Simonide du dictionnaire historique et critique de Bayle. 5o.

Chap. III. Première réponse à un Ministre de culte, sur la coéternelle existence de la matière. 75.

LIVRE SECOND.

Discussions Philosophiques sur la coéternité de la matière, et sur la Providence Divine, contre la création et l'athéisme, page 107.

Avant Propos. 109.

Chapitre Premier. Examen des raisons que produit Clarke, en faveur de la création. 123.

Chap. II. Seconde réponse à un Ministre de culte, sur quelques objections relatives à l'incréation des ames ou esprits. 148.

Chap. III. Examen des principes dont se sert Basnage, dans son histoire des Juifs, pour prouver la création. 171.

Chap. IV. Examen de l'article création de l'encyclopédie, rédigé par Formey. 194.

Chap. V. Examen des argumens que fait l'Auteur *de la Philosophie de la Nature*, tant à l'appui du prétendu mouvement essentiel à la matière, qu'en faveur de la soi-disant fin du monde, page 253.

Section Première. Première question. La matière est-elle intrinsèquement un principe passif, dénué de toute activité et de tout mouvement qui lui soient propres ? ou le mouvement lui est-il essentiel, de manière que sans le concours de la Divinité, ses élémens ont pu s'organiser d'eux-mêmes, former l'Univers, et être le mobile de tout ce que nous voyons opérer dans la nature ? Question qui a toujours divisé le véritable théiste de l'athée. 253.

Section II. Deuxième question. Les mondes doivent-ils durer éternellement? ou sont-ils périssables, et doivent-ils finir un jour ? 276.

Chap. VI. Considérations sur divers articles du dictionnaire historique et critique de Bayle, responsives aux objections de ce philosophe contre l'éternité de la matière, et aux fortes inductions que les matérialistes en tirent en faveur de l'athéisme. 287.

Section Première. Examen de l'article Anaxagoras, note G, art. 6 du dictionnaire critique de Bayle, pag. 290.

Section II. Examen de l'article Hierocles, note A, du même dictionnaire. 297.

Section III. Examen de l'article Epicure, note R, du même dictionnaire. 303.

Section IV. Examen du même article, Epicure, note S. 355.

Section V. Examen de l'article Ovide, note F, du même dictionnaire critique. 371.

Fin de la Table.

Cette dissertation sur l'origine du monde, a eu la mention honorable au procès-verbal des deux Conseils du Corps législatif, qui en ont ordonné le dépôt à leur bibliothèque. L'auteur y a ajouté la réponse à une objection qu'on pouvoit y faire, ainsi que quelques petites notes, et quelques additions aux notes précédentes.

ESSAI DE PHILOSOPHIE RATIONNELLE,

SUR L'ORIGINE DES CHOSES, ET SUR LEUR ÉTERNITÉ FUTURE.

LIVRE PREMIER.

CHAPITRE PREMIER.

Dissertation sur l'origine du Monde, ou réfutation du systême de la Création.

J. J. ROUSSEAU dit, dans son importante lettre du 15 Janvier 1769 : « Je me « souviens d'avoir jadis rencontré sur

« mon chemin cette question de l'ori-
« gine du mal, de l'avoir effleurée.........
« et que la facilité que je trouvois à la
« résoudre, venoit de l'opinion que j'ai
« toujours eue de la coexistence éternelle
« des deux principes, l'un actif, qui est
« Dieu, l'autre passif, qui est la matière,
« que l'être actif combine et modifie
« avec une pleine puissance, mais pour-
« tant sans l'avoir créée et sans la pou-
« voir anéantir. Cette opinion (conti-
« nue-t-il) m'a fait huer des philoso-
« phes à qui je l'ai dite : ils l'ont décidée
« absurde et contradictoire. Cela peut
« être, mais elle ne m'a pas paru telle,
« et j'y ai trouvé l'avantage d'expliquer
« sans peine et clairement à mon gré,
« tant de questions dans lesquelles ils
« s'embrouillent, entr'autres celle que
« vous m'avez proposée comme inso-
« luble ».

Voici quelques réflexions qu'on pourroit ajouter à l'appui de l'opinion de cet

homme célèbre. Il ne les auroit pas sans doute désavouées; mais il auroit pu leur donner un meilleur coloris : pour mettre la vérité de son opinion hors de l'atteinte des philosophes qu'il sembloit craindre, il auroit étayé ces réflexions de toute la force de sa dialectique, ainsi que de la magie de son style, et se seroit ensuite servi de cette vérité, pour résoudre les grandes questions philosophiques dont il parle.

Tous les philosophes de l'antiquité ont toujours cru que la matière étoit éternelle. Quoique Moïse ait donné à sa nation le Pentateuque dans sa propre langue, qu'elle a en partie perdue dans sa captivité de Babylone, et qui n'est devenue qu'une langue morte depuis sa dispersion parmi les autres peuples, les Juifs eux-mêmes paroissent n'avoir eu aucune idée de la création, tant que ce législateur les a gouvernés, et tant qu'ils ont ensuite subsisté sous le gouvernement de leurs juges,

ainsi que sous celui de tous leurs rois, de la dynastie de DAVID et de celle des Asmodéens. Rien ne constate durant ce long intervalle de siècles que l'idée leur en soit venue à l'esprit, que très-longtemps après leur retour de cette captivité, ni qu'ils aient eu d'autre notion de l'origine du monde, que celle de sa formation et du dévelopement du cahos. Mais ce qui prouve qu'en effet ni MOÏSE, ni eux ne s'en formoient pas d'autre notion, c'est que le mot ברא *Bara* du premier verset de la Genèse, sur la fausse traduction duquel les Juifs modernes ont bâti l'idée de la création du monde, signifioit originellement, non *tirer une chose du néant*, mais *former* ou *façonner une chose existante différemment qu'elle n'étoit*; c'est aussi que ce mot n'a et ne peut avoir que cette dernière acception, dans tous les passages du Pentateuque, où il est constamment employé comme le synonime parfait de עשה *Gnassa*, *faire* ou *former*. C'est uniquement dans ce sens,
que

que ces deux termes ont toujours été pris indistinctement l'un pour l'autre, et c'est sans aucune raison fondée qu'on veut donner à celui de ברא *Bara* la première signification, dans ce premier verset : בראשית ברא אלהים את השמים ואת הארץ *Bérechit bara éloïm et achamaïm véet haaretz*, tandis qu'il ne peut s'entendre que dans le sens, *in principio*, DIEU fit ou forma les cieux et la terre.

Mais pour se convaincre de la vérité de ce que nous disons, on n'a qu'à considérer toute la suite de ce premier texte de la Genèse, dont rien d'antérieur ne détermine la signification, et on n'en pourra nullement douter ; puisqu'elle n'exprime d'une manière sublime, dans tout l'ouvrage des six jours figuratifs employés à cette grande opération, que le comment ou narré de cette formation du ciel et de la terre, qui n'avoient encore aucune existence propre, et qui même ne pouvoient en avoir aucune possible, que dans le sujet ou la matière qui a servi à les former. Cette suite porte, que *la terre ou matière étoit informe et nue, les ténèbres couvroient la surface de l'abîme, et l'esprit de* DIEU *agitoit la superficie des eaux.* DIEU *dit: que la lumière soit* (faite), *et la lumière fut* (faite). DIEU *vit que la lumière étoit bonne, et il sépara la lumière des ténèbres...* DIEU *dit: que le firmament soit* (fait) *au milieu des eaux, qu'il sépare les eaux des eaux, et* DIEU *fit le firmament, sépara les eaux qui étoient sous le firmament, de celles qui étoient au-dessus du firmament.... et il donna au firmament le nom de cieux....* DIEU *dit: que les eaux de dessous les cieux se rassemblent en un seul lieu, et que le sec paroisse; ce qui fut* (fait) *ainsi; il donna le nom de terre à ce qui étoit* (resté) *sec, et aux eaux rassemblées le nom de mers.* Toute la continuation du même narré n'est que le détail de la formation de l'homme, et de tout ce que renferment le ciel et la terre, composant l'Univers entier, dans le sens du narrateur, et ne contient rien qui puisse faire concevoir ni admettre une création, comme on pourra plus complètement s'en convaincre ci-après, par l'ensemble de cette narration, que nous avons fidèlement traduite de l'original Hébreu, et par l'examen approfondi que nous en ferons. Cet examen finira aussi de prouver que la création n'est qu'une invention moderne; que Moïse, qu'on peut ne considérer que comme législateur, ainsi que comme le plus grand philosophe de son siècle et de beaucoup de siècles postérieurs, n'a jamais autorisé cette idée fantastique; et que sa narration de l'origine du monde, n'y auroit pu donner lieu, si elle n'avoit été faussement interprétée.

Raisonnons maintenant sur la constitution des choses, autant que notre foible conception peut nous la faire appercevoir. S'il est un principe certain dans la philosophie, c'est que *rien ne se fait de rien*, ni rien ou nulle chose ne se réduit à rien (1); et c'est pourtant ce qui seroit arrivé dans la création du monde, puisque le sujet et les modifications auroient commencé à exister. Pour créer, il faudroit qu'un sujet ou une substance qui n'étoit pas sortit du néant; et par conséquent, il faudroit que ce qui n'existoit pas, exis-

---

(1) Les mêmes principes et les mêmes raisonnemens qui prouvent l'impossibilité de la création des choses corporelles, prouvent aussi l'impossibilité de leur annihilation; puisque l'une de ces deux actions, étant nécessairement liée à l'autre, ne peut s'admettre ni se supposer sans cette autre action, et qu'autrement ce seroit ne refuser à la matière l'éternité passée, si on peut s'exprimer ainsi, que pour lui déférer l'éternité future : c'est ce qui nous dispense de les étendre à cette dernière action ; mais si on croyoit nécessaire de le faire, cela ne feroit que renforcer ces principes et ces raisonnemens les uns par les autres, et leur donner à tous un surcroit d'énergie.

tât; c'est-à-dire, que l'être et le néant s'alliassent ensemble.

Quand on supposeroit qu'une substance qui n'est pas, fut possible, il ne sauroit se faire qu'elle parvînt jamais à exister : car pour cela il faudroit la faire passer de l'état de pure possibilité à l'état d'existence, et c'est ce que la raison ne peut pas admettre. L'état de possibilité dont il est question, n'est pas une chose différente du néant. Du néant à l'être, il y a une distance infinie dans leur opposition, qu'aucune puissance ne peut jamais franchir.

Si nous examinons en elle-même ce qu'on appèle puissance créatrice, les difficultés ne feront que se multiplier de plus en plus. La puissance qui donne l'existence à une chose, ne peut la faire exister que par son action sur elle. Donner l'existence ou créer, c'est agir. Ce n'est que par l'application de sa force, que l'être agissant produit. S'il n'y a point de sujet sur lequel la puissance qui agit applique sa force, il ne sauroit y avoir d'action; car agir ou exercer une force et l'exercer sur rien, est une contrariété formelle. La puissance créatrice qui ne suppose pas de sujet sur lequel elle agisse, est une puissance impossible. C'est une véritable contradiction.

On tenteroit vainement d'éviter cette contradiction, en supposant que la puissance créatrice n'a pas besoin d'un sujet sur lequel elle agisse pour créer : puisque dans cette supposition, il seroit toujours vrai que cette puissance feroit, de ce qui n'existe pas, un être existant, que par conséquent elle uniroit et confondroit le néant et l'être (2).

---

(2) En effet, on ne peut supposer ni même concevoir aucun commencement d'existence, ni aucun anéantissement de choses existan-

On n'éviteroit pas non plus cette contradiction, en supposant que cette puissance ne feroit point un être de ce qui n'est pas, et en disant encore qu'elle se borneroit à faire passer cet être de l'état de pure possibilité à l'état d'existence : car entre la possibilité des choses et leur existence, il n'y a aucun rapport, non plus qu'entre le néant et l'être ; ces deux termes sont séparés par une distance illimitée et sans bornes, dans leur incompatibilité absolue. La puissance créatrice, qui n'est féconde que par son action, ne pourroit pas remplir cet intervalle énorme, ni réunir ces deux termes ; elle ne pourroit donc pas plus faire passer une substance de la possibilité à l'existence, que du néant à l'être existant.

Enfin, on ne pourroit sauver cette contradiction, qu'en disant que la puis-

---

tes, que par l'union impossible de l'être avec le néant.

sance créatrice n'a pas besoin d'un sujet sur lequel elle agisse, pour donner l'existence à ce qui n'en a pas, et qu'il lui suffit d'agir sur elle-même, pour tirer les êtres du néant. Mais alors elle ne pourroit les tirer que d'elle-même. Ce seroit tout-à-la-fois contredire la création qu'on veut attribuer à cette puissance, admettre en elle un composé de matière qu'elle pourroit extraire de son sein, et tomber dans le plus complet matérialisme.

La nature entière ne nous offre rien qui nous donne l'idée d'une puissance créatrice, ni d'une puissance annihilatrice. Toutes les choses nouvelles ne sont, et n'ont toujours été, que des modifications ou des changemens produits dans des choses existantes. De même, toutes les choses existantes ne cessent pas d'exister, par les nouvelles modifications qui s'opèrent en elles; et quelqu'effort que nous fassions pour nous élever à l'idée d'une puissance qui tire l'être du néant,

ou

ou qui replonge dans le néant un être existant, nous ne pouvons y parvenir. Au-delà d'une puissance productrice, modifiant et organisant les choses existantes, donnant aux êtres organisés la vie ou la mort, et aux êtres inanimés toutes les formes que nous voyons opérer, et que nous pouvons nous-mêmes quelquefois effectuer, nous n'appercevons ni ne concevons plus rien (3). La puissance créatrice est donc pour nous une puissance

---

(3) Nous avons l'idée de Dieu par ses ouvrages *réels* qui, en nous faisant distinguer ses divins attributs, nous le font reconnoître; quoiqu'il soit au-dessus de notre intelligence de pouvoir approfondir son immensité. Mais ses ouvrages, pour ne parler que de ceux de la prétendue création, ne peuvent pas être plus incompréhensibles que lui-même; et s'il en étoit l'auteur, nous en aurions une idée, que nous n'avons pas, qui nous la feroit concevoir. C'est encore une preuve qu'il ne l'est effectivement pas.

purement chimérique, que les docteurs de la loi ou nouveaux prêtres-juifs d'Alexandrie, ont successivement propagée et généralement transmise aux autres prêtres juifs, chrétiens et mahométans; mais la philosophie ne doit point l'admettre, et doit la reléguer au nombre des idées fantastiques qu'enfante une imagination en délire. Aussi, cette puissance n'est-elle jamais venue à l'esprit des plus célèbres philosophes de l'antiquité, lorsqu'ils ont cherché par d'immenses conceptions l'origine des choses.

Lors même que cette puissance ne seroit pas impossible en elle-même, elle répugneroit dans l'Etre-Suprême auquel on l'attribue, sur l'ambigu témoignage des mêmes juifs modernes, et sur la fausse interprétation qu'ils ont donnée à un mot de leur Pentateuque, comme quelques philosophes l'ont soupçonné. Dans les principes des partisans de la création, comme dans les principes de tout homme de sens et de bonne foi, l'Etre-Suprême n'est point une force aveugle et nécessaire ; c'est une intelligence qui connoît ce qu'elle fait, et qui le fait par sa libre volonté. Cet être n'a donc pu créer l'Univers, sans avoir l'idée de tout ce qu'il renferme. Or, comment a-t-il pu connoître ce qui n'existoit pas ? L'existence est antérieure à toutes propriétés. C'est par leurs propriétés que toutes choses s'apperçoivent. Il faut être avant de posséder aucune propriété, et de pouvoir être connu. Les idées de Dieu ne pouvoient donc se fixer que sur lui seul, qui existoit. Il a pu, sans doute, non pas créer des êtres corporels, pas même créer des anges, des esprits qu'on doit supposer plus analogues à lui, mais faire dans l'homme une émanation infiniment petite de ses moyens, et une infiniment moindre encore dans certains animaux, qui nous paroissent plus particulièrement participer à une foible partie des facultés de l'homme. Mais comment Dieu auroit-il connu dans lui-même, c'est-à-dire, dans une substance simple, immatérielle, des idées ou images capables de représenter des corps matériels et solides qui n'existoient pas ? Il étoit donc contre ses décrets éternels de les créer. Il n'a donc pu le faire.

En supposant que les idées de tous les êtres matériels eussent été connues de Dieu avant la création, elles ne seroient pas l'ouvrage de sa volonté, elles seroient éternelles, nécessaires, immuables comme lui. Mais ces idées, où existoient-elles ? Existoient-elles en elles-mêmes, et étoient-elles indépendantes de Dieu, ou n'en étoient-elles pas indépendantes ? Si ces idées étoient distinctes de Dieu, voilà des êtres éternels comme Dieu, qui n'ont pas reçu l'existence de lui, et l'on ne voit pas pourquoi, la matière ne pouvoit pas avoir de même toujours existé indépendamment de Dieu, aussi bien que les idées qui la représentoient. Si toutes ces idées ou représentations des corps n'étoient pas distinctes de Dieu, et si elles existoient en lui, il faut donc que la substance Divine en fut composée, et quelles en fissent parties ; ce qu'aucun partisan de la création n'oseroit avouer. Il est donc certain que l'Etre-Suprême, à qui on attribue la puissance créatrice, n'a pu connoître avant la création les êtres matériels que l'Univers entier renferme, et que, supposé qu'il les eut créés, ce n'auroit pu être que par une force ou impétuosité aveugle et nécessaire, qui ne seroit pas différente du destin ou de la nécessité de Leucipe, de Zénon, d'Épicure, etc. ; ce qu'on oseroit encore moins avouer. Il faut donc en conclure, que Dieu n'a pas créé la matière inerte et passive de l'Univers, et qu'il n'a pu, par son action sur elle, que la modifier, l'organiser et en former les êtres que nous voyons sur la terre et dans les cieux.

Mais pourroit-on dire, comment Dieu, qui n'est qu'un être simple, immatériel, a-t-il pu modifier et organiser la matière, si ce n'est par sa suprême volonté? Mais cette suprême volonté, comment peut-elle agir sur des êtres matériels aussi éternels qu'elle? Nous n'en savons rien. Il nous suffit d'être assurés que cela est ainsi, pour ne pas nous inquiéter si nous ne savons pas comment cela s'opère; et nous jugeons de Dieu, qui est souverainement actif, et de son action sur les corps matériels, par nous-mêmes, nouveaux êtres, à qui néanmoins il a départi une portion infiniment petite de ses facultés sur eux. Nous n'ignorons pas moins comment la volonté de Dieu peut agir sur tous les corps, que comment la nôtre peut déterminer nos actions sur nos bras, sur notre propre corps, et sur tous les corps environnans. C'est ce qui restera à jamais impénétrable à l'homme, et qu'il n'appartient de savoir qu'à cet être souverainement actif, seul et unique principe de notre volonté et de nos actions.

Quand enfin on supposeroit que Dieu a eu de toute éternité les idées de tous les corps, qu'il a pu les tirer du néant, et que la matière avoit quelques rapports avec les idées de l'Etre-Suprême, pour avoir déterminé sa volonté à lui donner l'existence qu'elle n'avoit pas; pourquoi ces rapports de Dieu avec la matière non-existante, existans de toute éternité, ne l'auroient-ils pas décidé à la créer de toute éternité, et pourquoi ne pourroit-on pas dire qu'elle est éternelle comme lui, ainsi que tout se réunit pour nous en convaincre? Pourquoi ces rapports ou motifs déterminans sont-ils restés sans effets pendant toute l'éternité? Pourquoi n'ont-ils agi que depuis quelques milliers d'années? Ainsi chaque pas que l'on fait dans le système de la création, découvre de nouvelles contradictions et de nouvelles difficultés, qu'on élude, mais auxquelles on ne peut répondre. On ne sort d'un gouffre d'absurdités, qu'en se précipitant dans un autre. Ce système a infiniment plus d'obscurités et d'embarras, que ne peut en avoir pour nous, malgré toute son évidence ou extrême probabilité en elle-même, la théorie de l'Etre-Suprême combinant et modifiant, avec une entière puissance, la matière passive et morte, mais incréée et inanéantissable dont il a formé l'Univers. Le même système suppose d'ailleurs nécessairement l'anihillation future de toutes choses, et cette conséquence double encore les mêmes contradictions et difficultés dont il est susceptible, sans qu'au flambeau de la raison il puisse avoir pas un des avantages de la théorie opposée, que J. J. Rousseau apprécioit tant, et qu'il avoit si fort raison d'apprécier. Nous laissons à des plumes plus exercées que la nôtre, le soin d'en tirer toutes les ressources philosophiques, que Rousseau trouvoit, disoit-il, si faciles pour lui (4).

---

(4) Nous en fornirons ci-après un premier exemple, en faisant servir la coexistence de
Nous

Nous nous bornerons ici, comme nous l'avons annoncé, à donner l'ensemble de la narration de l'origine du monde, fidellement traduite de l'original hébreu de la Genèse, et à analyser par des notes que nous mettrons au bas, tous les textes qui ont servi de fondement à la prétendue création du ciel et de la terre; afin de démontrer la fausseté de l'interprétation qu'on en a donnée, et que loin d'avoir aucun rapport avec une extraction de toutes choses opérée sur le néant, ils prouvent exactement le contraire. Nous y ferons en même-temps connoître le véritable auteur, ou du moins la vé-

---

de la matière, à résoudre les objections contre la notion de Dieu, que Bayle représente comme contradictoire, dans l'article Simonide de son dictionnaire critique, et nous produirons ensuite un grand nombre d'autres exemples, au défaut des hommes de lettres, qui auroient pu beaucoup mieux que nous en remplir la tâche.

ritable origine de l'invention qu'on en a faite. Par l'un et l'autre moyen, il ne restera plus aucun appui à cette chimère de la création, que toutes les armes de la saine philosophie n'ont pu détruire; parce qu'elles n'en avoient pas encore sappé ni brisé la plus forte base, celle qui faisoit taire la raison. C'est ce que nous croyons avoir fait et avoir porté jusqu'à la dernière évidence.

Mais avant de nous livrer à cette dernière preuve, nous croyons devoir répondre à une objection grave qu'on pourroit vouloir nous faire et qui, à notre avis, ne seroit que spécieuse, c'est que l'éternité ou incréation de la matière, contrediroit la toute puissance Divine, dont personne ne peut être plus pénétré que nous. C'est ce que nous sommes fort éloignés de penser. En voici les raisons.

Ce n'est pas selon nous limiter la toute puissance de l'Etre-Suprême, que de ne le considérer que comme l'organisateur de la matière inerte et passive, et le fabricateur de la multitude inombrable *des Univers*, s'il est permis de s'exprimer ainsi. Quelle idée plus éminente peut-on se faire de cette toute puissance de Dieu, qu'en lui attribuant la formation et la direction des mondes et *Univers*, que contient l'immensité de l'espace? C'est ainsi que tous les globes opaques habités ou inhabitables par des êtres semblables à nous, de chacun de ces Univers, se meuvent sans cesse, dans des élipses plus ou moins élongées, par l'impulsion que la sagesse Suprême leur a une fois donnée. Ils y sont régis par l'attraction centrale de leur étoile, soleil ou planète principale, qui les retient dans les orbes de leurs révolutions périodiques, par des bornes, des lois et des mouvemens si invariablement réglés et concordans, même dans leurs perturbations déterminées, qu'ils ne peuvent se choquer, ni se nuire réciproquement.

Mais pour ne parler que des étoiles ou soleils, centres de tous ces mouvemens divers, ainsi que de leurs distances respectives et directes à la terre, le génie étonnant de l'homme, en ce genre important de ses connoissances, seroit déja presque parvenu à les assujétir aux calculs les plus rigoureux, comme il l'a fait des diamètres, masses, mouvemens, temps de révolutions, etc., distances directes et réciproques de tous les corps visibles du système de notre Univers, si pour leur servir de base ou d'échelle de proportion, la paralaxe insensible et comme nule de *Sirius*, ou de l'étoile la plus proche de la terre, étoit seulement de deux secondes de degré, et si par conséquent sa distance à la terre n'étoit uniquement que de 3,585,149,889,000 lieues; puisque le sinus de deux secondes est de 0,00000,9696, et que la distance moyenne de la terre au soleil, autre précieuse échelle de proportion, est à très-peu-près de 34,761,700 lieues.

Au reste tout cela n'est qu'un très-petit diminutif de la réalité des choses, sur lesquelles se sont déployées la grandeur et la toute puissance infinie de leur Auteur; car il est conforme à toutes les probabilités, que chaque amas de cette multitude inombrable d'étoiles, soleil ou corps centraux, que Moïse comparoît si bien à celle de tous les grains de sable de la mer, à lui-même son corps central d'attraction lumineux ou obscur, au tour duquel il fait ses révolutions périodiques, dans des temps et à des distances immensément plus éloignés, et que tous ces derniers corps centraux se réduisent en définitif, et par la même analogie, à un corps central unique, dont la faculté attractive régit et gouverne, à des distances et dans des temps périodiques de révolution infiniment plus éloignés encore, tous les autres corps centraux extérieurs à lui, à l'image de Dieu lui-même, gouvernant souverainement toute la nature entière par les lois générales ou décrets qu'il a institués, s'il n'étoit pas impossible de comparer cet esprit infini, à la matière brute et passive qu'il a modifiée et organisée.

C'est ainsi que toutes les forces de notre raison, bornée aux seuls objets de considération auxquels nous venons de la restreindre, se perdent dans cette foule innumérable de rapports, de combinaisons, d'espaces, de temps et de mouvemens divers, qui ne se confondent jamais. Elles se perdent bien plus encore, sans comparaison, dans l'immensité des perfections infinies de l'Etre-Suprême qui, comme ce premier chef-d'œuvre de sa toute puissance, fait le grand objet de l'admiration de l'homme et du perfectionnement de ses facultés intellectuelles.

Ce n'est donc que concevoir une idée plus sublime de la toute puissance et des suprêmes perfections de Dieu, que de ne pas lui attribuer inconsidérément la création contradictoire de la matière, que ses propres lois ou décrets rendent, et doivent rendre impossible; car autrement ce seroit en lui s'avouer l'auteur de toutes les imperfections qu'elle contient et dont, par cette chimérique invention, on a toujours voulu rendre la Suprême Providence garante et responsable, en lui attribuant, au mépris de l'infinité de son intelligence, de sa bonté et de sa sagesse, tout l'excès des maux physiques et moraux, qui n'accablent que trop souvent le plus beau et le plus précieux ornement de ses ouvrages; tandis qu'ils ne résultent que des défectuosités et des vices inhérens au principe passif, qui est la matière, que Dieu, ou le principe souverainement actif, n'a fait que modifier et organiser, mais dont il n'est pas le créateur.

Tous les ouvrages de la Divinité sont des chef-d'œuvres de solidité et de perfection, non moins admirables dans l'infiniment petit que dans l'infiniment grand; c'est-à-dire, en petitesse extrême et dans leurs moindres détails, qu'en immensité et dans leur ensemble. Ils le sont à un si extrême degré, qu'il répugneroit véritablement à sa toute puissance qu'ils ne fussent pas d'une éternelle durée, comme elle ; ce qui les distingue éminemment des ouvrages humains, qui sont périssables.

Mais si, loin de cela, on pouvoit supposer qu'il fut incompatible à la même toute puissance de l'Etre-Suprême, que la matière dont il s'est servi, fut incréée et qu'elle eut joui de l'éternité passée, il lui répugneroit nécessairement qu'elle eut l'éternité future, et de laisser toujours subsister ces chef-d'œuvres de perfection, qu'il a faits dans sa profonde sagesse. Dieu ne pourroit par conséquent avoir été créateur de la matière, qu'autant que lui-même en devroit être le propre destructeur et l'annihilateur; ce seroit de toute nécessité

nécessité n'avoir à l'avenir que la funeste et déplorable fonction d'*Armanius*, de détruire et de faire le mal; ce qui répugnant éminemment à sa suprême intelligence, à sa bonté et à sa sagesse infinie, ne sauroit jamais avoir lieu.

Ainsi quand on pourroit supposer que, sous un aspect, la création inconciliable de la matière fut conforme à la toute puissance de Dieu, elle lui seroit beaucoup plus incompatible sous d'autres aspects, et elle répugneroit excessivement sous tous les rapports à tous ses autres attributs les plus importans; puisqu'on ne peut supporter l'idée de la moindre altération à leur infinité, sans être obligé de penser que sa propre essence en seroit nécessairement dégradée, et que lui-même ne fut aussi par essence complètement malheureux.

On a donc pu supposer, quoique très-inconséquemment, la fin avenir du monde, comme on ne l'a que trop constamment fait, en le prenant cependant sous l'acception commune de notre globe ou de sa population; mais jamais la désorganisation complète de l'Univers entier, et moins encore son anéantissement proprement dit.

Recherchons maintenant dans l'original hébreu du récit que fait Moïse de l'origne du monde, s'il a entendu parler de la création, ou bien si ce n'est pas une invention très-postérieure, qu'on a voulu lui attribuer, en la faisant remonter jusqu'à lui, et nous ferons en même-temps connoître, ainsi que nous l'avons dit, le véritable Auteur ou la véritable origine de cette invention assez moderne.

NARRATION

Que fait la Genèse de l'origine du Monde, traduite de l'original Hébreu.

Au commencement Dieu *fit* (ou forma) les cieux et la terre (5); la

---

(5) Moïse emploie le mot ברא *Bara*, dont il s'agit, pour désigner ce que dans le texte nous indiquons par-tout en lettres italiques, et s'en sert toujours indistinctement avec le mot עשה *Gnassa*, pour exprimer les verbes *faire* ou *former*. Nous ne croyons pas qu'on soit fondé à soutenir, au mépris de l'extrême identité de ces deux expressions hébraïques parfaitement synonimes, et de leur même et constante application, que le premier terme énonce que Dieu créa les cieux et la terre : car comme nous l'avons dit au commencement de notre dissertation, les cieux et la terre auroient dès-lors existé, s'ils avoient été créés ; ce qui n'est pas. La preuve en

(terre ou) matière (6) étoit informe et

est, qu'il n'existoit encore, hors Dieu, que le cahos ; que Moïse nous donne immédiatement après, le détail de la formation des cieux, de la terre et de tout ce qu'ils renferment, dans l'ouvrage des six jours, et que nous n'y voyons nullement aucune espèce de création ; puisque tout a été tiré du cahos ou matière préexistante, et non du néant. Moïse n'a donc d'abord voulu ni entendu établir autre chose, si ce n'est que l'origine des cieux et de la terre étoit une formation, un développement de la matière informe, opérés par l'Etre Suprême. Il a sauvé dans ce développement du cahos, et dans cette organisation de l'Univers entier, l'extrême difficulté inséparable d'un sujet aussi vaste et aussi profond, en nous le détaillant de la manière la plus simple et la plus sublime. C'est ce détail lumineux que les docteurs de la loi ou nouveaux prêtres juifs d'Alexandrie n'ont rem-

(6) Le Pentateuque ne distingue pas ces deux choses l'une de l'autre, et ne leur donne d'autre expression, à toutes les deux, que le même mot hébreu.

nue, les ténèbres couvroient la surface

---

pli que de confusion et d'obscurité, de contradictions et d'absurdités, à la suite de plus de douze cents ans écoulés, depuis la promulgation qu'en a fait Moïse, en y substituant la fausse interprétation d'une extraction chimérique de toutes choses opérée sur le néant, dont rien dans la nature n'a pu fonder l'idée.

Il est certain que ce sont les prétendus Septante ou soixante-douze traducteurs du Pentateuque hébreu en Grec, ou pour mieux dire, que c'est le véritable rédacteur de cette traduction qui a fait naître l'idée de la création, qui s'est ensuite si fortement propagée parmi les sectateurs de Moïse, de Jesus-Christ et de Mahomet. Ces soi-disans Septante n'auroient jamais pu ni l'attribuer à Moïse, ni la faire adopter aux autres juifs Helenistes, et insensiblement à tous les autres Juifs munis de l'original, qui purent prendre connoissance de la langue grecque, s'ils en avoient appliqué le sens à un nouveau mot hébreu de leur composition, et si dans leur version grecque, première traduc-

de l'abîme, et l'esprit de Dieu agitoit

tion qu'on en a faite, dans laquelle tous les autres traducteurs ont puisé, ils n'avoient pas imputé la signification de cette nouvelle idée de la création, à une des expressions, ainsi transformée, dont Moïse ne s'étoit cependant servi, que pour énoncer la formation du ciel et de la terre. Ils ont fait servir l'impossibilité même de trouver, dans les écrits de ce législateur, rien d'analogue à la naissante idée de la création, pour en appliquer le sens à cette même expression hébraïque de Moïse.

On ne peut dater le grand progrès qu'eut par la suite cette croyance de la création, parmi les Juifs, que depuis leur dispersion de la Judée, sous l'empereur Vespasien. Car cette dispersion parmi les autres nations, ayant rendu l'hébreu qu'ils possèdoient une langue morte, ils ont par succession été obligés, pour l'apprende et s'instruire des lois de Moïse, d'après l'original qu'ils en conservoient, de se servir dans leurs écoles, à l'instar des Chrétiens, des traductions faites dans les langues qui leur étoient devenues prola superficie des eaux (7). Dieu dit : que

---

pres, et qui toutes avoient successivement admis la fausse interprétation donnée par les Septante à l'origine du monde ; ce qui dès-lors la leur a inculquée depuis l'enfance. Ce n'est pas qu'auparavant, elle n'eut déjà fait beaucoup de progrès parmi les Chrétiens, ainsi que parmi les juifs Helenistes, qui s'étoient très-antérieurement dispersés en fort grand nombre dans les pays orientaux, principalement en Egypte, devenus Grecs depuis les conquêtes d'Alexandre, et qui par la même raison, avoient été les premiers à recevoir et à répendre cette même croyance de la création.

(7) Dans plusieurs autres passages, le Pentateuque emploie la même expression figurée d'*esprit de Dieu*, pour désigner un grand vent, une tempête. C'est pourquoi on n'est pas fondé, et Saci a lui-même tort de la prendre au sens propre, dans la traduction française qu'il a donnée de cet ouvrage, puisée dans la version de la vulgate, en appliquant ce mouvement corporel, non aux eaux, mais au propre esprit de Dieu.

la lumière soit (*faite*), et la lumière fut (*faite*); Dieu vit que la lumière étoit bonne (8), et il sépara la lumière des ténèbres. Dieu nomma la lumière jour, et appela les ténèbres nuit, et du soir et du matin se composa un jour (9).

---

(8) Voici encore un mot hébreu qui signifie plusieurs choses, *bien*, *bon* ou *bonne*, que la langue hébraïque ne distingue pas.

(9) Le texte hébreu ne dit pas le premier jour, comme le porte la bible de Saci, mais *un jour*, pour exprimer la distinction que fait Moïse entre le jour artificiel dont il venoit de parler, que répend le soleil lorsqu'il est sur l'orison, et le jour naturel ou de 24 heures dont il est question, que détermine le mouvement de rotation de la terre sur son axe : ce jour qui commençoit le soir à l'instant du coucher du soleil, étoit différent du jour astronomique, qui commence lorsque le soleil est au méridien du lieu où l'on est, et de notre jour civil qui commence 12 heures auparavant. Nous ne parlons point, ni ce n'est notre objet, des

Dieu

Dieu dit : que le firmament soit (*fait*) *
au milieu des eaux, qu'il sépare les eaux
des eaux, et Dieu forma le firmament,
et sépara les eaux qui étoient sous le firmament de celles qui étoient au-dessus du
firmament ; ce qui fut (*fait*) ainsi. Dieu
nomma le firmament cieux, et du soir
et du matin se composa le second jour.

Dieu dit : que les eaux de dessous les
cieux se rassemblent en un seul lieu, et
que le sec paroisse ; ce qui fut (*fait*) ainsi,

---

autres erreurs, des contre-sens et des inexac-
titudes qu'à commis le même auteur, tant
dans le narré de l'origine du monde, que
dans beaucoup d'autres endroits de son ouvrage, fort estimable d'ailleurs.

* Nous devons observer pour éviter toute
méprise, que par-tout où le mot *fait* se trouve
distingué par deux parenthèses, nous l'avons
ajouté au texte, parce qu'il y est sous-entendu,
et que nous n'avons fait qu'en remplir l'Ellipse.

qui renferment en eux leur semence selon leur espèce; ce qui fut (*fait*) ainsi, * et la terre produisit des herbes, des plantes portant semence selon leur espèce, et des arbres donnant des fruits, qui renferment en eux leur semence selon leur nature. Dieu vit que cela étoit bon, et du soir et du matin se composa le troisième jour.

Dieu dit : qu'il y ait des luminaires dans le firmament des cieux, pour séparer le jour de la nuit, marquer les temps et les saisons, les jours et les nuits; qu'ils servent de flambeau dans les cieux pour éclairer la terre, et cela fut (*fait*) ainsi. Dieu fit donc les deux grands luminaires, le plus considérable pour présider le jour, et le moindre pour présider la nuit, ainsi

---

* Nous devons observer pour éviter toute méprise, que par-tout où le mot *fait* se trouve distingué par deux parenthèses, nous l'avons ajouté au texte, parce qu'il y est sous-entendu, et que nous n'avons fait qu'en remplir l'Elipse.

que les étoiles. Dieu les plaça dans le firmament des cieux, pour éclairer la terre, présider le jour et la nuit, et séparer la lumière de l'obscurité ; ce qu'il vit être bien, et ce qui du soir et du matin composa le quatrième jour.

Dieu dit : que les eaux produisent des animaux vivans, qu'il y ait des oiseaux qui volent sur la terre et s'élèvent sous le firmament des cieux, et Dieu *forma* les grands poissons, tous les animaux vivans que produisirent les eaux selon leur espèce, et tous les oiseaux aîlés selon leur genre (10). Dieu vit que cela étoit bon, et il les bénit en disant : propagez, multipliez et remplissez les eaux, les mers, et que tous les oiseaux se multiplient sur la terre ; ce qui du soir et du matin composa le cinquième jour.

Dieu dit : que la terre produise des animaux vivans selon leur espèce, des

---

(10) Voyez à ce sujet la **note suivante**.

quadrupèdes, des reptiles et des insectes selon leur nature; ce qui fut (*fait*) ainsi, et Dieu forma les animaux terrestres selon leur espèce, les quadrupèdes selon leur nature, et tout ce qui se meut sur la terre suivant son genre; ce qu'il vit être bien, et Dieu dit : faisons l'homme à notre image et à notre ressemblance, qu'il domine sur les poissons de la mer, sur les oiseaux des cieux, sur les quadrupèdes, sur la terre entière, sur les reptiles, sur tout ce qui se meut sur la terre, et Dieu *forma* l'homme à son image, le *forma* à l'image de Dieu (11),

---

(11) Moïse se sert du mot ברא *Bara*, dont il est si fort question, particulièrement pour exprimer la formation de l'homme, celle des grands poissons, de tous les animaux vivans que produisirent les eaux et celle des oiseaux; ce qui est encore une preuve formelle de la vérité que nous avons établie, que c'est sans aucune raison fondée, et contre la teneur de toutes les expressions du

le fit mâle et femelle, et il les bénit en leur disant : propagez, multipliez et rem-

---

texte hébreu, qu'on veut faire signifier à ce mot une création ; puisqu'à l'égard des petits poissons, Moïse dit en même-temps que *c'étoit tous ceux, que,* par l'ordre de Dieu, *les eaux avoient produits,* ce qui est incontestablement la même formation que Dieu en a faite ; à l'égard de l'homme, Moïse dit expressément que Dieu ne s'est proposé que de le faire, non de le créer, et Dieu a d'autant moins pu l'avoir tiré du néant, comme on le prétend faussement, et avoir manqué en cela à son propre décret, que le texte dit ensuite qu'il a été tiré ou formé de la poussière de la terre. Ainsi ce terme hébreu n'est, comme nous l'avons démontré, et comme nous finirons de le prouver incontestablement, que le parfait synonime du mot עשה *Gnassa, faire* ou *former,* qui a lui-même plusieurs autres synonimes, et n'exprime uniquement que la même chose. La langue hébraïque a beaucoup d'autres termes qui ne signifient qu'une seule et même chose, et

plissez la terre, assujétissez-là, et dominez sur les poissons de la mer, sur

---

beaucoup de mots qui désignent chacun plusieurs objets différens, comme nous en avons déja donné quelques exemples que, sans les prendre ailleurs, la narration même nous fournissoit; ce qui ajoute beaucoup à la beauté et à l'énergie de la poésie hébraïque, tandis qu'il y a dans cette langue une grande multiplicité d'autres choses qui manquent absolument d'expressions. C'est le propre de toutes les langues pauvres, avec lesquelles l'hébreu a cela de commun, d'abonder beaucoup dans un sens, et de vicier considérablement plus dans l'autre. Cela à donné par la suite naissance à la langue rabinique, beaucoup plus abondante que la première.

Aussi il n'est pas étonnant qu'avant la traduction grecque du Pentateuque par les Septante, il ne se soit point trouvé aucun mot hébreu, qui exprimat l'idée si excessivement abstraite de la création; ce qui dans l'antiquité étoit le cas de toutes les autres langues, qui n'en avoient pas non plus, quelques riches et abondantes qu'elles fussent.

les oiseaux des cieux, sur tous les animaux qui se meuvent sur la terre, et il

---

Pour donner à cette première traduction du Pentateuque, une vénération sacrée comparable à celle de l'original hébreu, et sur la seule autorité de laquelle on a ensuite toujours adopté la création, on s'est servi du merveilleux dans l'histoire fabuleuse qu'on en a faite, et que les auteurs Juifs Aristobule, Philon et Josephe ont les premiers repétée, sur la foi d'un autre auteur, évidemment juif Helleniste d'Alexandrie, connu sous le faux nom grec d'Aristée, et sous les fausses qualifications d'officier des gardes, et confident de Ptolémée-Philadelphe. Ils ont successivement raconté que ce monarque, qui avoit rassemblé les nombreux ouvrages de toute l'antiquité, que renfermoit la célèbre bibliothèque d'Alexandrie, voulant se procurer une traduction fidelle en Grec des livres de Moïse, que les Juifs conservoient si religieusement, avoit expédié cet Aristée vers Eleazard leur grand sacrificateur, avec d'immenses présens, pour le déterminer à lui

leur dit : voilà que je vous ai donné toutes les plantes portant semence, qui sont sur

en envoyer une copie exacte, ainsi que des docteurs de chaque tribu, qui fussent les plus capables d'en faire une bonne traduction Grecque ; ce qui avoit engagé ce grand sacrificateur à choisir, dans chacune des douze tribus, six docteurs de la loi les plus profondément instruits qui, à leur arrivée en Egypte, furent isolément placés, dans des logemens qu'on leur avoit préparés sur une île, où rien ne leur manquoit, et où ces soixante-douze traducteurs terminèrent leur ouvrage en soixante-douze jours. Le cumul détaillé et circonstancié, qu'ils font de tous les présens et de toutes les dépenses que fit pour cet objet PTOLÉMÉE-PHILADELPHE, se monte à 1046 talens d'argent et 1600 talens d'or qui, réduits en espèces de nos jours, s'élèveroient à la somme exhorbitante de plus de 45 millions tournois. JUSTIN martyr, et beaucoup d'autres auteurs chrétiens ou pères de l'Eglise, ajoutent aux nombreux détails dont nous ne donnons ici que le plus petit extrait, que ces

la

la surface de la terre, et tous les arbres qui donnent semence, afin de vous en

---

soixante-douze traductions furent si bien et si parfaitement faites, qu'on ne trouva pas un seul mot de différence entr'elles, malgré que les soixante-douze traducteurs eussent été séquestrés, pour la fidélité de ce travail, dans soixante-douze logemens où ils avoient été placés, de manière à n'avoir aucune communication entr'eux, ni avec personne.

Nous croyons inutile d'arrêter nos réflexions sur le grand nombre d'invraisemblances et de contradictions qui fourmillent dans cette fable, mais bien plus encore dans les minutieux détails qui l'ont étayée, et dont le Judaïsme et le Christianisme ont été si fort imbus; quoiqu'il fut constant que les douze tribus, parmi lesqu'elles furent choisis les soixante-douze traducteurs, n'existoient plus dans la Judée, depuis le temps déja très-éloigné que les dix premières tribus subjuguées, furent amenées par Salmanazar en captivité, où elles se sont perdues et confondues avec les autres nations, de manière à n'en avoir plus entendu parler; et quoi-

nourrir ; à tous les animaux terrestres, à tous les oiseaux des cieux, et à

---

qu'indépendemment de ce grossier anachronisme, il eut été extrêmement difficile et même impossible, de trouver alors dans la Judée soixante-douze docteurs de la loi, qui connussent parfaitement la langue grecque : comme s'il eut été nécessaire de recourir à ce moyen aussi difficile qu'excessivement dispendieux, et comme si dans Alexandrie même, près de laquelle les juifs Hellenistes avoient un temple fameux et complètement servi à l'instar de celui de Jérusalem, on n'eut pas aisément trouvé de nombreux et habiles docteurs de la loi qui, possèdant aussi parfaitement le grec que l'hébreu, pouvoient sans frais ni déplacement, faire une bien meilleure traduction du Pentateuque, que ne l'eussent jamais pu faire tous les docteurs de Jérusalem ; puisqu'ils ont effectivement traduit en grec tous les autres livres canoniques hébreux, qui font corps avec la propre traduction des soi-disans septante. On ne peut donc attribuer qu'à quelques juifs Hellenistes d'Alexandrie, cette pre-

tout ce qui se meut et vit sur la terre, je leur ai donné toute la verdure des champs pour les alimenter; ce qui fut (*fait*) ainsi. Dieu vit que tout ce qu'il avoit fait étoit supérieurement bien, et du soir et du matin se composa le sixième jour.

Les cieux, la terre et tout ce qu'ils renferment étant achevés, et Dieu ayant terminé au septième jour toute l'opération qu'il avoit faite, il se reposa le septième jour de tout le travail qu'il avoit effectué, il bénit et sanctifia ce septième jour; parce qu'en ce même jour il cessa

---

mière traduction des livres de Moïse, d'où est résultée l'idée erronée de la création, qui n'a pu être faussement attribuée à ce législateur, qu'à l'appui de la fable ridicule des soixante-douze traducteurs dont il est question. C'est à quoi a indubitablement concourru le juif Helleniste de cette même ville, connu sous le faux nom d'Aristée, ainsi que sous les fausses qualifications d'officier des gardes et de confident de Ptolémée-Philadelphe, roi d'Egypte.

tout l'ouvrage qu'il avoit *fait* et formé (12).

Telle est la génération des cieux et de la terre dans leur *formation*, au jour que Dieu fit la terre et les cieux (13), qu'il

---

(12) C'est-à-dire, il cessa tout l'ouvrage qu'il avoit *fait et parfait*, ou *très-fait*, conformément à l'usage de la langue hébraïque, d'exprimer constamment le superlatif par la répétition du même mot ou de son synonime, comme par exemple *bon-bon* pour *très-bon*, ou comme les deux synonimes dont il est de même ici question ; ce qui prouve encore leur parfaite et invariable synonimité, et l'identité complète de leur signification.

(13) Voilà encore ces mêmes deux mots hébreux qui, sans chercher d'autres exemples plus loin, sont pris pareillement ici pour synonimes ; puisque ce n'est évidemment pas une création *des cieux et de la terre qui fut effectuée, au jour que Dieu fit la terre, les cieux, etc.* et Moïse vouloit et entendoit irrévocablement si peu, qu'on prit jamais l'origine des cieux et de la terre pour une

fit toutes les plantes de la campagne avant qu'elles fussent sorties de la terre, et toutes les herbes des champs avant qu'elles eussent végété ; car le Seigneur Dieu n'avoit pas encore fait pleuvoir sur la terre, et il n'y avoit point d'hommes pour la labourer ; mais il sortoit de la terre des fontaines qui en arrosoient toute la surface.

---

création, qu'en terminant la narration qu'il en fait, il ne la qualifie que d'une simple génération, qui en effet est résultée de la matière. Ainsi nous avons prouvé qu'il ne se trouve aucun passage de la Genèse, sur l'origine du monde, ou le mot ברא *Bara* soit employé, qui ne désigne évidemment une véritable formation des cieux et de la terre, et qui ne manifeste visiblement la fausseté de l'interprétation, qu'au mépris du vœu invariable de Moïse, les nouveaux prêtres juifs lui ont donnée. On doit donc être à jamais convaincu que la création du monde, n'est qu'une invention purement moderne, que Moïse n'a point autorisée, et à laquelle la Genèse n'auroit nullement pu donner lieu, si elle n'avoit été faussement interprétée.

LIVRE PREMIER.

CHAPITRE II.

Application de la coéternité de la matière, à l'examen des objections contre la notion de Dieu, que renferme l'article Simonide du dictionnaire historique et critique de Bayle.

Quoique Bayle, qu'on peut regarder comme un des plus grands Dialecticiens, qui ait encore paru, soit en même-temps un des plus grands promoteurs de la création, nous allons voir le plus succintement qu'il se pourra, si le système de la préexistence de la matière, ne fournira pas le moyen de concilier les fortes objections que ce célèbre logicien met dans l'esprit de Simonide, pour avoir pu l'empêcher de satisfaire, après beaucoup de promesses et d'attentes, à la prière que lui avoit faite HJERON, tyran de Syracuse, de lui dire ce que c'est que DIEU; et si dans cet exemple délicat et remarquable, qui fait fortement supposer qu'on n'a de la Divinité que des idées contradictoires, on ne trouvera pas une preuve formelle de la vérité de ce qu'a avancé J. J. ROUSSEAU, « qu'il trouvoit à cette « coéternelle existence de la matière, « l'avantage d'expliquer sans peine, et « clairement à son gré, tant de ques- « tions dans lesquelles les philosophes « s'embrouillent ».

Si je réponds, fait BAYLE énoncer à Simonide, note F, *que DIEU est distinct de tous les corps qui composent l'Univers, on me demandera, l'Univers a-t-il toujours existé, du moins à l'égard de sa matière ?* Il auroit dû le nier à l'égard de ses modifications; parce que l'Univers entier, n'étant au fond qu'une matière inactive et morte, elle n'a pu agir, sans que l'intelligence suprême ne la modifiât, pour en former ce merveilleux ouvrage ; il auroit dû en convenir, quand à la matière qui le compose, et renoncer à toutes les objections qu'il a accumulées par-tout ailleurs, contre l'éternité de cette substance increée, d'après l'éloignement si bien fondé où il est ici d'en admettre la création ; puisqu'étant prouvé que la matière n'a pu être tirée du néant, il va reconnoître qu'elle auroit dû nécessairement en être sortie, si elle n'avoit pas de tout les temps existé, qu'il va lui-même déclarer qu'il ne peut concevoir ni affirmer le dogme qu'elle soit sortie de rien, pendant que son extraction hors du néant lui est incompréhensible, et qu'il ne peut en être légitimement assuré. *Cette matière, se demande-t-il, a-t-elle une cause efficiente ? Et si je réponds qu'elle en a une, je m'engage à soutenir qu'elle a été faite de rien ;*

or

or c'est un dogme que je ne pourrai jamais faire comprendre, et que je ne comprends pas moi-même. J'ai donc lieu d'être incertain si ce dogme est vrai ou s'il ne l'est pas ; car pendant qu'il me sera incompréhensible, je ne pourrai pas être légitimement assuré de son état et de sa nature. Il n'est personne qui ne doive trouver que Bayle est très-fondé dans ce raisonnement, qu'il prête à Simonide, et il n'auroit jamais dû le perdre de vue, pour contester en toutes autres occasions l'éternité de la matière.

Si je dis, continue-t-il, *que la matière de l'Univers n'a point de cause efficiente, on me demandera d'où vient le pouvoir que* Dieu *a sur elle ?* (Il pouvoit fort bien répondre que ce pouvoir est inhérant en Dieu, qu'étant essentiellement actif, il exerce sa toute-puissance sur la matière inerte et passive, et que sa puissance n'a conséquemment pas de cause qui lui soit étrangère ;) *et pourquoi elle n'a pas autant de pouvoir sur* Dieu *que* Dieu *sur elle ? Il faudra que je donne de bonnes raisons pourquoi de deux êtres indépendans l'un de l'autre, quant à l'existence, également nécessaires et éternels, l'un peut tout sur l'autre, sans être réciproquement soumis à l'action de l'autre.* Les bonnes raisons que BAYLE n'a pas considérées sont, que la matière ne pouvant être conçue que comme une chose passive et morte, elle n'a pu avoir aucune action à exercer, ni elle n'a pu opposer aucune résistence à DIEU qui, par l'activité, la toute-puissance et la suprême intelligence, que font concevoir en lui l'ordre et l'harmonie qui existe dans les mondes, a pu sans nulle opposition exercer sur elle, toute l'action nécessaire pour la formation et perfection de ces sublimes ouvrages. Au surplus il seroit absurde et contradictoire, que par la seule raison que ces deux principes sont éternels et substanciellement indépendans, ils dussent être tout-puissans; car ni l'un ni l'autre ne le seroit véritablement, par les bornes qu'ils s'opposeroient mutuellement, tandis que s'ils ne sont tous les deux qu'éternels et indépendans dans leur existence; mais l'un souverainement actif et l'autre passif, l'un tout-puissant et l'autre inerte, rien n'a pu empêcher leur éternité mutuelle, ni la toute-puissance de l'un sur l'autre, ni la totale inertie de celui-ci). *Ce n'est pas assez de dire que* Dieu *est distinct des corps qui composent l'Univers, on voudra savoir s'il leur ressemble à l'égard de l'étendue, c'est-à-dire, s'il est étendu.* Je n'ai besoin que de laisser à Bayle le soin qu'il prend ensuite de prouver que Dieu ne peut être étendu, sans être matériel et composé de parties divisibles, qui impliqueroient contradiction avec son essence spirituelle.

Si je réponds, dit Bayle, *qu'il est étendu, on en concluera qu'il est corporel et matériel, et je ne me vois pas en état de faire comprendre qu'il y a deux espèces d'étendue, l'une corporelle, l'autre incorporelle ; l'une composée de parties, et par-conséquent divisible, l'autre parfaitement simple et par conséquent indivisible.* En quoi il a raison, à l'égard de l'une et de l'autre étendue également réelles ; parce que je ferai voir en terminant ce chapitre, que l'étendue incorporelle de l'espace, n'est pas moins divisible, que ne l'est l'étendue corporelle ; ou pour mieux dire, que l'espace n'est pas moins divisible que les corps. *Si je dis que Dieu n'est pas étendu, on en concluera qu'il n'est nulle part.* Quoique notre intelligence bornée ne puisse rien concevoir d'inétendu, et par conséquent hors de l'espace, Bayle auroit dû convenir que cette conclusion étoit fondée ; parce qu'on ne peut supposer que Dieu soit dans l'espace, comme les êtres corporels, qui le pénètrent et en sont par conséquent pénétrés, pendant qu'il n'en peut être de même de l'esprit divin, que l'espace ne sauroit pénétrer. Mais il auroit dû en même-temps faire observer, qu'il est de fait, par toutes les merveilles que cet Etre-Suprême a effectuées dans la nature, que sa puissance et toutes ses facultés s'étendent par-tout et en tout lieu.

On en concluera, est-il dit, *que* Dieu *n'est nulle part, et qu'il ne peut avoir aucune union avec le monde ; comment donc mouvera-t-il les corps ?* C'est la principale objection que font tous les athées, contre l'activité et la toute-puissance de Dieu sur les êtres corporels, à laquelle j'ai satisfait en ces termes : « Comment
« (me suis je dit) Dieu qui n'est qu'un
« être simple, immatériel, a-t-il pu mo-
« difier et organiser la matière, si ce
« n'est par sa suprême volonté ? Mais
« cette suprême volonté, comment peut-
« elle agir sur des êtres matériels aussi
« éternels qu'elle ? Nous n'en savons rien.
« Il nous suffit d'être assurés que cela est
« ainsi, pour ne pas nous inquiéter si nous
« ne savons pas comment cela s'opère,
« et nous jugeons de Dieu qui est sou-
« verainement actif, par nous-mêmes, à
« qui il a départi une portion infiniment
« petite de ses facultés sur eux. Nous

« n'ignorons pas moins comment la vo-
« lonté de Dieu peut agir sur tous les
« corps, que comment la nôtre peut
« déterminer nos actions sur nos bras,
« sur notre propre corps et sur tous les
« corps environnans. C'est ce qui restera
« à jamais impénétrable à l'homme, et
« qu'il n'appartient de savoir qu'à cet être
« essentiellement actif, seul et unique
« principe de notre volonté et de nos ac-
« tions ». *Comment* (Dieu), continue
Bayle, *agira-t-il où il n'est pas ?* Nous
n'en savons encore rien, par la raison qu'il
ne nous appartient de connoître les causes,
que par leurs effets plus ou moins immé-
diats ; mais nous n'en sommes pas moins
certains et convaincus que Dieu, première
de toutes les causes et origine de tous les
effets, agit en tous lieux et souverainement en toutes choses, *outre que notre
entendement n'est pas capable de concevoir
une substance non étendue, et un esprit entièrement séparé de la matière.* C'est une
autre vérité constante, puisque nous

ne le comprenons pas de notre esprit, tout chétif et borné qu'il est, combien moins devons nous le concevoir de l'intelligence infinie dans toutes ses facultés.

Mais si on m'accordoit une fois, fait-il encore dire à Simonide, *que* Dieu *est une substance immatérielle et non étendue, un esprit infini et tout-puissant, combien de nouvelles questions n'aurois-je pas à résoudre ? Cet esprit n'existe-t-il pas nécessairement, soit à l'égard de sa substance, soit à l'égard de ses qualités ? Sa puissance n'est-elle pas un attribut aussi nécessaire que sa science ?* Bayle ne devoit certainement pas croire qu'il y eut personne de bonne foi qui eut répondu négativement à ces questions. Mais quoique la coéternité de la matière satisfasse par elle-même à une foule d'objections réputées insolubles, il seroit aussi imprudent qu'insensé de vouloir répondre à toutes les questions qu'on pourroit faire sur Dieu, principalement lorsqu'elles concernent son essence, que nous ignorerons toujours; puisque celles de toutes les choses nous sont pareillement cachées.

« Que la matière soit éternelle ou créée
« (dit à ce sujet J. J. Rousseau), qu'il y
« ait un principe passif ou qu'il n'y en ait
« point, toujours est-il certain que le tout
« est un, et annonce une intelligence uni-
« que; car je ne vois rien qui ne soit or-
« donné dans le même systême, et qui ne
« concourre à la même fin, savoir la con-
« servation du tout dans l'ordre établi.
« Cet être qui veut et qui peut, cet
« être actif par lui-même; cet être enfin,
« quelqu'il soit, qui meut l'Univers et
« ordonne toutes choses, je l'appèle Dieu.
« Je joins à ce nom les idées d'intelli-
« gence, de puissance, de volonté que
« j'ai rassemblées, et celle de bonté qui
« en est une suite nécessaire; mais je n'en
« connois pas mieux l'être auquel je l'ai
« donné; il se dérobe également à mes
« sens et à mon entendement; plus j'y
« pense plus je me confonds; je sais très-
certainement

« certainement qu'il existe, et qu'il existe
« par lui-même ; je sais que mon existence
« est subordonnée à la sienne, et que tou-
« tes les choses qui me sont connues sont
« absolument dans le même cas. J'apper-
« çois Dieu partout dans ses œuvres, je le
« sens en moi, je le vois tout autour de
« moi ; mais sitôt que je veux le contem-
« pler en lui-même, sitôt que je veux
« chercher où il est, ce qu'il est, quelle
« est sa substance, il m'échappe, et mon
« esprit troublé n'apperçoit plus rien. Que
« si je viens à découvrir successivement
« les attributs de Dieu, dont je n'ai nulle
« idée absolue, c'est par des conséquen-
« ces forcées, c'est par le bon usage de
« ma raison ; mais je les affirme sans les
« comprendre, et dans le fond c'est n'af-
« firmer rien. J'ai beau me dire, Dieu
« est ainsi ; je le sens, je me le prouve ;
« je n'en conçois pas mieux comment
« Dieu peut être ainsi. (*J'ai déja observé*
« *que la nature de toutes choses nous est to-*
« *talement inconnue ; mais beaucoup plus*

« *profondément encore tout ce qui concerne*
« *l'essence Divine*). Enfin plus je m'ef-
« force de contempler son essence in-
« finie, moins je la conçois; mais elle
« est, cela me suffit; moins je la con-
« çois, plus je l'adore. Je m'humilie, et
« lui dis : Etre des êtres, je suis parce
« que tu es; c'est m'élever à ma source
« que de te méditer sans cesse. Le plus
« digne usage que je puisse faire de ma
« raison, est de s'anéantir devant toi : c'est
« mon ravissement d'esprit, c'est le char-
« me de ma foiblesse de me sentir accablé
« de ta grandeur ».

Il (Dieu) *n'agit donc pas librement*,
continue Bayle, *à prendre la liberté pour
une force d'agir, ou n'agir pas; tout ce qu'il
fait est nécessaire et inévitable. Vous ren-
versez donc de fond en comble la religion, me
dira-t-on : car elle est nécessairement bâtie
sur l'hyphothèse, que* Dieu *change de parti
lorsque les hommes changent de vie, et que
si les hommes ne l'appaisoient pas par leurs
prières, il feroit une infinité de choses qu'il*

supprime à la vue de leur dévotion. Bien loin que l'existence nécessaire de Dieu, sa science ainsi que sa toute puissance, soient le renversement des hommages que nous lui devons, elles ne se conforment que mieux à la raison et à la saine religion. Car c'est en nous prouvant l'entière liberté, l'immutabilité et la miséricordieuse justice de cet être parfait, qu'elles nous indiquent clairement la nécessité d'une vie à venir, moins pour y subir des peines morales proportionnées aux délits, que pour y jouir du comble de toutes les félicités, qui doivent être la juste récompense de la vertu et des bonnes œuvres; mais dont la privation, et les remords d'avoir fait le mal, ne sont pas les moindres peines capitales.

Non seulement Dieu est parfaitement libre de vouloir et de choisir; mais nous-mêmes, êtres chétifs, le sommes aussi : car ces rongeurs remords du vice, comme le suprême contentement inséparable de la vertu, sont les effets indubitables de l'intime conviction où nous sommes, et que tous les argumens contraires ne sauroient nous ôter, de la liberté que la sagesse Divine a déféré à nos actions bonnes ou mauvaises. De plus tout nous porte à croire que Dieu s'en est volontairement interdit la prévision, pour ne pas en détruire la moralité, rendre les unes et les autres d'une fatalité inévitable, et nous priver du mérite de la vertu, qui fait l'essence du véritable bonheur, ainsi que notre prééminence sur tous les autres êtres. Dieu en voilant sa prescience sur les actions éventuelles des hommes, ne limite pas plus sa science, qu'il ne limite sa toute-puissance, en s'abstenant des choses qui sont impossibles et contradictoires en elles-mêmes.

Il en est de l'intime conviction où nous sommes sur la liberté déférée à nos actions, comme de notre conviction sur la réelle existence des objets matériels, que tous les argumens de *l'idéaliste* Berkeley ne sauroient nous ôter, quelque soient les propriétés que comportent ces objets, dans les sensations qu'excitent en nous leur présence. Rien ne peut nous en faire douter; puisqu'il suffit à leur certitude que ces propriétés soient assez constantes, pour que nos divers sens nous fassent parfaitement distinguer ces objets entr'eux, et nous les fassent reconnoître toutes les fois que nous en approchons.

Que si j'évite, fait dire Bayle, *ce fâcheux inconvénient, par l'hypothèse de la liberté d'indifférence et des volontés conditionnelles, je m'engage à faire comprendre, et que cette sorte de liberté est compatible avec un être qui n'est point la cause de sa puissance, et qu'un attirail infini de décrets conditionnels est compatible avec une cause infiniment sage et indépendante, qui a dû se faire un plan fixe et immobile, et qui au fond n'a point d'attribut plus essentiel que l'immutabilité; car il n'y a pas de vertu plus évidemment contenue que celle-là dans l'idée de l'être souverainement parfait.* Ce que je viens d'exposer ne s'applique pas moins à ce que BAYLE ajoute ici, et lève toutes les difficultés qu'il y présente. *Voilà si je ne me trompe*, conclud-il, *une petite partie des raisons que Simonide roula dans sa tête, en cherchant la définition qu'on lui demandoit, et qui le firent résoudre à ne rien dire, tant il craignit d'affirmer des choses non véritables.*

Supposons, reprend-il, *que l'Artisan Chrétien que Trtulien oppose à Thales ou à Simonide, eut à répondre à leur place; il diroit que* DIEU *est un être immatériel, infini, tout-puissant, souverainement bon, saint et juste, qui a créé (ou formé) toutes choses selon le bon plaisir de sa volonté; pourrons-nous croire que Simonide examinant cette réponse, n'eut dit, cela m'est venu dans la pensée aussi bien qu'à vous.* (Hors l'idée de la création, que lui ni aucun ancien philosophe n'a jamais pu imaginer, et dont HIERON et tous les beaux esprits de sa cour se seroient avec raison moqués, si on avoit pu leur en parler). *Mais je n'ai pas osé l'affirmer, parce qu'il me semble qu'un être infiniment puissant, infiniment bon, infiniment saint, et qui auroit créé (ou formé) toutes choses, avec une souveraine liberté d'indifférence, n'auroit pas exposé les hommes à l'état criminel et misérable, sous lequel ils vivent, s'il avoit laissé à l'ame la liberté de s'unir au corps, ou de ne pas s'y unir, elle n'y seroit jamais entrée : car ce choix témoigneroit qu'elle est trop sotte pour être l'ouvrage d'un être infiniment parfait.* Le jugement que porte ici BAYLE n'est pas fondé, ni conforme à la justesse ordinaire de son discernement ; parce que l'être parfait n'auroit pu laisser à l'ame le choix de s'unir ou de ne pas s'unir au corps, sans l'avoir préalablement éclairée sur la constante et inépuisable béatitude que sa bonté infinie réservoit, pendant la durée immense de la vie à venir, à toutes les ames qui s'en seroient rendues dignes, dans le court intervalle de celle-ci ; et alors, il n'en est aucune qui eut manqué de choisir cette union si bornée, sur l'espérance de jouir du sort des bienheureux; puisque ce sort est nécessairement subordonné à leur bonne conduite dans ce bas monde.

Il est une autre considération non moins frappante, c'est que si la matière de notre corps n'étoit pas coéternelle avec Dieu, et qu'il l'eut créée, il se seroit rendu responsable envers lui-même des moindres défauts de cette création. Mais les vices et défectuosités inhérens à cette substance incréée lui étant étrangers, il est assez qu'il provienne beaucoup plus de bien que de mal, de l'union que Dieu a faite de l'ame avec notre corps, pour que cette opération ne puisse être réputée qu'un acte de sa bienfaisance, même dans le court intervalle de cette vie, en attendant celle qui doit mettre le comble à ses bienfaits.

Si c'est lui, ajoute Bayle, *qui unit nos ames aux corps, il faut qu'il y soit poussé par quelque détermination naturelle et inévitable; car agissant librement, c'est-à-dire, pouvant*

pouvant faire et ne pas faire, pouvant faire d'une façon et pouvant faire d'une autre, on ne conçoit pas qu'il eut choisi ce parti-là, vu que l'ame, par son union avec le corps, se trouve soumise à cent désordres honteux et absurdes, et à un malheur presque continuel. On vient de voir qu'en cela même, aucune détermination ne peut être inévitable à Dieu ; et puisque cet être infiniment parfait agit librement, ou en vertu des décrets qu'il s'est librement prescrit, on doit nécessairement croire qu'en toutes choses, il a pris le parti le plus sage, le plus convenable aux vices inhérens à la matière, qui forme l'objet de cette union, et dont il n'est pas responsable, comme il le seroit s'il en étoit le créateur. Il en est de même de la liberté des hommes, qui n'a rien d'inévitable dans la détermination de leur conduite ; parcequ'ils ne sont soumis, qu'aux désordres auxquels ils veulent bien volontairement se livrer, lorsqu'au mépris de leur conscience, ils abandonnent le sentier de la sagesse et de la justice, dans le mal qu'ils se font à eux-mêmes, ou qu'ils font éprouver aux autres hommes.

Voici, dit enfin Bayle, *une pensée qui n'est peut-être pas à rejeter. Simonide se trouva apparemment en peine sur le genre de définition : il n'osa dire que* Dieu *fut un corps, cent objections l'en détournèrent. Il n'osa dire que* Dieu *fut un pur esprit ; car il ne concevoit rien que sous l'idée de l'étendue.* Il n'est que trop vrai qu'en reconnoissant Dieu pour un pur esprit, nous ne pouvons néanmoins rien concevoir, ni nous représenter que sous l'idée de l'étendue, et il n'est pas moins certain, que nous ne pouvons appliquer à Dieu l'étendue, sans lui attribuer la matérialité qu'elle et l'impénétrabilité constituent. Mais comme Bayle l'observe fort bien, *cent objections qui impliquent contradiction, nous empêchent de dire que* Dieu *soit un corps*, et pourtant il faut nécessairement et exclusivement, pour agir ou être mu, qu'il soit l'un ou l'autre de ces deux

être essentiellement actif, ne peut avoir d'autre infinité que celle de ses attributs, tous véritablement infinis ; puisque cet Etre-Suprême ne sauroit comporter d'autres *plénitudes et réalités*, que celles compatibles à sa spiritualité, avec laquelle l'étendue et la matérialité, qui sont elles-mêmes *des plénitudes et réalités*, impliquent nécessairement contradiction. Dieu ne peut donc avoir pour attribut rien de composé, rien d'inactif et de divisible, aucune modification, ni aucune des propriétés que comporte la matière. Ainsi il est faux qu'il puisse y avoir rien d'étendu, rien de divisible dans son essence, ni dans ses attributs, qui seroient la conséquence de sa propre infinité.

En vain pour concilier l'incompatibilité de l'espace avec l'unité et l'indivisibilité de Dieu, allègue-t-on, que *le pur espace infini qu'on attribue à Dieu, est essentiellement simple et indivisible comme lui, quoiqu'étendu, que pour qu'en supposant l'espace divisé, il n'y eut pas de contradic-*

tion dans les termes, il faudroit qu'il y eut de l'espace entre ses parties qu'on supposeroit divisées, que ces parties de l'espace ne fussent pas immobiles, et ne fussent pas inséparables ; ce qui autrement seroit les supposer divisées et non divisées : car dans tout ce qui n'est pas les élémens indivisibles des choses, nous ne pouvons rien concevoir d'étendu, qui ne soit composé de parties, par conséquent divisible ; ce qui est d'autant plus vrai, et d'autant plus incontestable à l'égard même de l'espace, que beaucoup de ses parties sont pénétrées par les corps, qui les différencient entr'elles, et qu'il sufit que ces parties de l'espace soient séparément distinctes de toutes les autres, pour nous faire clairement discerner leur divisibilité. Dieu ne peut donc avoir pour attribut l'espace infini qu'on lui suppose, sans être divisible, et sansne former qu'un composé de parties.

LIVRE PREMIER.

CHAPITRE III.

Réponse à un ministre de culte, sur la coéternelle existence de la matière.

Un digne ministre de culte, ancien religieux, m'ayant fait parvenir, par l'entremise d'un ami commun, son opinion au sujet de ma *dissertation sur l'origine du monde*, et ayant l'un et l'autre souhaité que je répondisse aux objections qui me sont faites, j'en vais rapporter le contenu pour y satisfaire.

Ce que je conçois de l'Etre-Eternel, débute ce Bon Pasteur, *c'est qu'il ne s'est pas fait lui-même, et n'a pu être fait par un autre. Il est, et nécessairement. Il* est tout-puissant, infini, indépendant de de tout autre être, et possède, par la nécessité de sa nature, toutes les perfections possibles. Il est immuable, il ne peut recevoir d'accroissement, ni souffrir de diminution. Ce qu'il est, il l'est toujours : car s'il pouvoit arriver du changement ou dans le fond de son être, ou dans sa manière d'être, il cesseroit d'être immuable, et ces changemens auroient dû arriver, non pas une fois, mais une éternité de fois, et à force de vicissitudes, il ne seroit plus le même être. Delà je pense qu'il ne peut y avoir qu'un être éternel. Platon a dit : *necesse est ante omnem multitudinem penere unitatem. Je conçois un peu ceci*, ajoute-il, *et je ne sais pas ce qu'on peut y opposer de raisonnable.* En approuvant ce qui est dit dans ce raisonnement, sur l'immutabilité de l'Etre souverainement actif, je répondrai qu'il ne peut être appliqué à l'être passif, qui est la matière, pour en conclure, comme on le fait, que celle-ci n'est pas aussi un être éternel.

L'être

L'être essentiellement actif, étant un pur esprit, doué de l'intelligence suprême, ne peut pas avoir deux manières d'être; puisqu'il ne comporte en lui, ni accidens, ni modifications, qui pourroient troubler son immutabilité. Il n'en est pas de même de l'être passif, dont les modifications sont seules contingentes, qui par sa parfaite inertie est susceptible de toutes les formes et accidens, qu'il plaît à l'être souverainement actif de lui faire subir. Cette inertie de la matière peut prêter le flanc aux plaisanteries de ce ministre de culte, que je veux bien passer sous silence, mais non ses argumens, que je transcrirai en entier, pour en suivre exactement l'examen.

L'être actif est éternel, continue-t-il, *tout-puissant, indépendant de tout autre être, et l'être passif, sous peine de n'être plus éternel, doit être tout-puissant et indépendant : car il ne peut y avoir plusieurs espèces d'êtres éternels. En effet, qui borneroit un être éternel ? C'est sans doute* de son autorité privée, que le digne ecclésiastique impose à l'être passif la peine de n'être plus éternel, et de subir son anéantissement, s'il ne change pas de nature, et s'il ne tourne pas son inactivité et son inertie en activité et toute-puissance. Mais il ne considère pas, qu'alors il ne pourroît exister de toute-puissance, bien loin que deux êtres éternels fussent l'un et l'autre tout-puissans : car si ce n'étoit dérisoire, cela impliqueroit contradiction, et que ni l'un ni l'autre ne jouiroit de la toute-puissance, par les bornes qu'ils s'opposeroient mutuellement, ainsi que je l'ai déja observé ; au lieu que n'étant tous les deux qu'éternels, mais l'un actif et l'autre passif, l'un tout-puissant et l'autre inerte, rien ne limite leur éternité mutuelle, rien ne borne non plus la toute-puissance de l'un, ni la parfaite inertie de l'autre ; de manière que les questions suivantes qu'il me fait se réduisent à rien ; savoir, *qui a fait l'un actif et l'autre passif ? Est-ce de leur choix ? Quand l'ont-ils fait ? Est*

choses, si diamétralement opposées. Nous sommes donc forcés à dire que Dieu est un pur esprit, inétendu et indivisible, quoique notre propre esprit borné ne puisse concevoir comment il peut l'être, et il suffit pour cela d'être assurés qu'il n'y a aucune contradiction, ni aucune impossibilité, tandis qu'il y en auroit infiniment à attribuer la matérialité et la divisibilité à Dieu. On peut voir dans la même note, et dans plusieurs autres notes de son dictionnaire, beaucoup de preuves sans repliques, contre la soi-disant étendue substancielle de la divinité, qui n'en feroit qu'un être matériel ou composé de parties divisibles. Mais s'il implique contradictions que ce pur esprit ait lui-même en partage l'étendue infinie, qu'on lui attribue faussement, tout dans la nature, dont il est indubitablement l'Auteur, nous démontre que si ce n'est pas sa propre substance qui est infinie, ce sont du moins sa puissance, sa bonté, son intelligence et générallement tous ses divins attributs, qui sont séparément infinis, qu'ils s'étendent dans toute l'immensité infinie de l'espace, et que si cela même pouvoit être une contradiction dans les termes, quoiqu'on en puisse rendre raison, cela n'en est pas une en réalité.

En effet, les mêmes preuves qui démontrent l'éternelle existence de la matière, étant appliquées à l'espace, en constateroit directement aussi l'éternité, s'il étoit nécessaire, si cette dernière éternité n'étoit pas la conséquence infaillible et, s'il se pouvoit, préalable de celle de la matière, que l'espace renferme. Mais l'éternité de l'espace est en soi tellement admise et reconnue, que CLARKE et les autres défenseurs de la création ont généralement fait de cette substance, un des attributs éternels et essentiels de DIEU, qu'ils supposent être lui-même présent partout, remplir l'infinité de l'espace, et posséder *toutes les plénitudes et toutes les réalités infinies*, qui le rendroient lui-même infini.

On n'a pas en cela considéré que cet

ce le choix d'un tiers ? Qui est ce tiers ? Parce que j'aurois pu également lui demander, qui a fait ce tiers ? S'il ne se fut hâté d'ajouter, que *l'éternel ne se fait pas lui-même, ni n'a été fait par un autre, non-seulement quant au fond de l'être, mais encore quant à la manière d'être*; ce qui s'applique pareillement, quant au fond, à l'éternité de l'être passif, dont les modifications sont seules contingentes. *J'avoue*, dit-il, *que je trouve bien plus facile à concevoir une création absolue. Le Tout-Puissant, quand il l'a voulu, a créé tous les êtres et toute la matière qu'il lui a plu, sa volonté est son action.*

Mais résolu de ne point admettre la préexistence de la matière dans le cahos, et ne pouvant résoudre les fortes objections que j'ai faites dans ma *Dissertation*, contre la création de toutes choses extraites du néant, il ajoute : *il n'a pas tiré la matière comme d'un vieux sac ou du cachos, mais tout simplement il a voulu, et il a fait que tout ce qui n'existoit pas hors de sa nature éternelle, fut, et tout a été fait.* A l'appui de cette opinion, il cite le sentiment de Bossuet dans ses élévations, que je laisserai à l'écart, comme ne prouvant rien, pour suivre l'idée qu'il se fait lui-même de la création.

L'objection, ajoute-t-il, *tirée du principe que rien ne se fait de rien, ne fait pas grand chose à la question présente. Les philosophes n'ont considéré que l'émanation des effets particuliers des causes particulieres, qui supposent nécessairement quelque chose dans leur action, et sur cela est établie leur commune opinion, que rien ne se fait de rien ; mais cela n'a pas lieu dans la première émanation des êtres :* c'est écarter avec adresse de la création le principe qui veut que *rien ne se fasse de rien*, sur ce que *les philosophes ne considèrent que l'émanation des effets particuliers, dérivant des causes particulières, qui supposent nécessairement quelque chose dans leur action*. Mais c'est dans tous les cas, avec la plus entière raison ; parce que ce n'est que le sujet sur lequel s'opère l'action, qui fait concurramment avec elle toute la réalité des effets qui en proviennent, et que sans ce sujet, aucune action, qui ne frapperoit que sur le néant, ne peut être conçue ni aucun effet en résulter. C'est pourquoi, je conçois très-bien sans contradiction, que Dieu a pu, comme je l'ai exprimé dans ma *Dissertation*, faire dans l'homme une émanation infiniment petite de facultés intellectuelles ; parce que cette émanation analogue à sa nature, a eu pour objet le sujet sur lequel il en a opéré l'action.

Nous allons cependant voir où le conduira la mise à côté de ce principe de la raison et de la philosophie, que *rien ne se fait de rien*, et si pour éluder des difficultés insurmontables, elle ne le fera pas tomber dans d'autres, qui seront cent fois pire, comme il arrivera à tous les partisans de la création de la matière, qui voudront allèguer qu'elle ne se seroit pas effectuée sur le néant. *Mais, a-t-il dit, cela n'a point lieu dans la première émanation des êtres*, dérivant *du principe universel des êtres*, par deux raisons qu'il produit, l'une tirée de la maxime de morale, *de faire à autrui ce que nous voudrions qui nous fut fait*, qui ne peut être applicable à l'Être-Suprême, l'autre qui est la véritable, sur laquelle il insiste le plus, et par laquelle il termine ses opinions, est fondée sur ce que, « plutôt « que d'admettre la coéternité de la ma- « tière, il aime mieux croire à un seul « éternel, tout-puissant, qui par son « ordre a fait exister ce qui n'existoit pas, « *et qui n'a eu besoin ni du néant, ni des* « *êtres préexistans, pour faire ce qu'il a* « *fait* ad extra *de sa nature divine* »; ce qui ne diffère en rien de l'autre exemple *d'émanation du principe universel des êtres*, que j'ai cité, applicable à l'ame; tandis que celui-ci n'est applicable qu'à la matière, que Dieu auroit émanée de son propre sein. Je vais le démontrer d'une autre manière non moins directe.

En effet, on ne peut concevoir ni imaginer que trois manières, par lesqu'elles les êtres corporels, que nous connoissons, ont pu commencer à exister : ou Dieu les a tirés d'une matière informe, passive et morte, de tous les temps préexistante, comme je le soutiens, ou bien il les a tirés ou émanés de son propre sein et de sa nature, ou enfin Dieu les a tirés du néant. C'est entre ces trois origines des choses qu'il faut necessairement opter. Mais comme mon contradicteur déclare, que plutôt que d'admettre la préexistence de la matière, ni l'extraction des êtres hors du néant, *il préfère adopter la première émanation des êtes* (dérivant) *du principe universel des êtres* ad extra *de sa nature divine*, il ne peut être douteux qu'il n'ait opté, pour l'émanation ou extraction des êtres matériels *ad extra*, hors de sa nature divine. Mais alors, comme je l'ai exposé dans ma *Dissertation*, ce seroit tout-à-la-fois contredire la création, qu'on veut attribuer à cette puissance, admettre en elle un composé de matière qu'elle auroit extrait de son sein, et tomber dans le plus complet matérialisme. J'aime à croire que ce digne ecclésiastique, n'a pas envisagé les conséquences qui résultent de son système. Il en auroit frémi d'horreur, et ne pouvant point soutenir l'extraction de toutes choses hors du néant, il n'auroit pas manqué de donner la préférance à la préexistence de la matière universelle, sur le système de son émanation hors du sein de cet Être-Éternel, quoique dans la notion qu'il nous a donné de cet Etre, il ait involontairement omis de faire mention de sa spiritualité et de sa suprême intelligence, qui impliquent contradiction avec le système du matérialisme.

C'est, dit-il, *une fausse imagination que de penser qu'il y a une distance infinie entre l'être et le néant, qui ne peut être franchies par aucune puissance. Mais cette idée n'est pas juste, le néant ne peut être*

un

un terme de distance entre lui et l'être; parce que le néant n'est rien, il n'y a point de distance entre quelque chose et rien. Il se méprend fortement lui-même, et il ne fait pas attention qu'il n'est pas question dans ce que j'ai dit, page 11 de ma *Dissertation*, d'établir le néant et l'être comme deux termes, si infiniment éloignés l'un de l'autre, qu'aucune puissance ne peut les franchir; car il ne s'agit seulement que de leur incompatibilité absolue, qui les sépare incontestablement, et loin que cette image de la création soit fausse et ridicule, elle est celle de deux termes si infiniment éloignés l'un de l'autre, que rien ne peut les rapprocher, de même que l'incompatibilité qui existe entre la fausseté et la réalité d'une même chose. *Il est fort remarquable*, ajoute-t-il, *que* Moïse *dans sa narration, ne dise pas un mot de la matière préexistante, ni du néant.* Je demanderai à ce digne Pasteur, ce qu'il entend par matière préexistante, si ce n'est le cahos? Or, je ne vois pas que

Moïse ait pu en parler d'une manière plus expressive qu'il ne l'a fait, en expliquant la manière dont le monde en a été formé. s'il ne dit rien du néant, c'est qu'il n'avoit pas besoin d'en parler, pour assurer la réalité de cette préexistence de la matière, qu'on ne veut pas voir dans son narré, quoique rien n'y soit plus clairement exposé, ni plus affirmatif : car si elle n'avoit pas été préexistante, c'est alors qu'il auroit dû parler du néant, d'où la matière auroit été tirée.

Il nous peint d'une manière claire, énergique et élégante l'action de l'Eternel, opérant ad extra. *Il nous marque l'instant précis de cette action,* in principio, *au commencement du temps, pour marquer la différence d'avec l'éternité, qui n'a point de commencement. Il détaille l'ouvrage de chaque jour, et nulle part il n'est question ni de matière préexistante ni du néant.* Nous venons de voir au contraire qu'il n'a pu être plus fortement question de la matière préexistante, dans la narration qu'a fait Moïse de l'origine du monde, et qu'à l'égard du néant, le silence qu'il en a gardé, prouve lui-même en faveur de cette préexistence de la matière. *C'est qu'en effet l'Eternel n'a tiré les êtres, à qui il a donné l'existence, ni du néant qui n'est rien, ni d'une matière dont il n'avoit pas besoin, parce qu'il est tout-puissant.* (Il a donc tiré les êtres du néant, s'il n'avoit pas besoin de la matière préexistante, pour leur donner l'existence; car il faut bien qu'il les ayent tirés de quelque part, et que ce soit l'un ou l'autre). *Mais à son ordre, ce qui n'étoit pas, a été, et dans cet ouvrage si merveilleux...* Quoi en effet de plus merveilleux, que la formation de l'Univers entier et l'organisation de tous les êtres sensibles et végétans, émanés du simple ordre de Dieu, dont il est uniquement question dans la narration de Moïse!

Et dans cet ouvrage si merveilleux, est-il dit, *il ne paroît pas nécessaire d'admettre ni alliance, ni rapport de l'être au néant, de l'être à la matière préexistante.* C'est uniquement parce que dans cet ouvrage merveilleux, il ne peut y avoir d'alliance ni rapport des êtres au néant, que le rapport de ces êtres à la matière préexistante est essentiel; parce qu'aucun homme sensé ne peut admettre le troisième et dernier rapport, des mêmes êtres au systême monstrueux du matérialisme, entre lesquels trois rapports uniques, il est ainsi évident qu'on ne peut opter que pour celui qui a la coéternité de la matière pour objet; ce qui détruit de fond en comble le systême de la création. *On peut entendre l'action* ad extra *de l'Eternel et le récit détaillé, et si bien fait que nous en donne* Moïse, *sans cet embarras de néant et de matière éternelle.* (J'ai déja passé une fois sous silence cette action *ad extra* de l'Eternel, telle qu'on ne peut s'empêcher de l'entendre; parce que j'en ai assez parlé dans le peu de mots que j'en ai dit, et qu'il s'en faut du tout au tout que Moïse en ait parlé. A l'égard de toutes les difficultés qui résultent, dans cette question, du néant et de la matière préexistante, il n'y a rien d'embarrassant que pour cet honnête Ecclésiastique, et pour tous ceux qui bongré malgré soutiennent la même thèse que lui.) *Ce qui est*, conclud-il de ce qui précède, *une preuve de la vérité de la création.* Je soumets à qui il voudra la décision de cette prétendue preuve, aussi singulière que toutes celles qu'il a produites, et que j'ai transcrites dans ses propres termes.

Je ne sais pas, dit mon contradicteur, *la langue hébraïque, je ne suis pas en état de discuter la valeur et le sens du terme* Bara, *qui fait l'objet de la dissertation.* On connoît généralement les traductions qui ont été faites de la narration de Moïse de l'origine du monde. Je n'ai donné la mienne dans son ensemble, tirée de l'original hébreu, que pour qu'on puisse facilement en juger par comparaison avec les autres. J'ai en même-temps prouvé, que tous les passages de cette narration hébraïque, où le terme ברא *Bara* est employé, ne peuvent avoir d'autre sens que celui d'une formation opérée sur une matière préexistante. Je l'ai fait de manière à mettre tout lecteur impartial à même d'en juger, sans avoir besoin de posséder la langue hébraïque, et mes preuves sont si prépondérantes, qu'il faut se bander les yeux pour ne vouloir pas les appercevoir.

Mais il me paroît, continue-t-il, *que si Moïse, qui nous fait le récit de l'ouvrage des six jours, n'a voulu dire au premier verset par le mot* Bara, *si non que Dieu forma les cieux et la terre, comme il forma chaque jours les différentes parties de son ouvrage, ce premier verset est inutile à la suite de la narration. Il devoit commencer par le second verset et dire : au commencement la terre ou matière étoit informe et nue, et les ténèbres couvroient la surface de l'abîme. Dieu dit que la lumière soit faite*, etc. Ce bon et digne Pasteur se méprend; parce que si Moïse avoit retranché le premier verset de sa narration sur l'origine du monde, en commençant par le second, il auroit supprimé une des principales beautés du plus beau et du plus sublime poëme en prose qui ait jamais été fait. Tous les poëmes commencent ordinairement par exposer en peu de mots, mais d'une manière expressive, le sujet qu'ils renferment. Voltaire dit en commençant le sien :

Je chante ce héros qui régna sur la France,
Et par droit de conquête et par droit de naissance.

Cela est en outre dans le propre génie de la langue hébraïque ; c'est pourquoi Moïse débute dans celui qui a pour objet la formation de l'Univers, par ces mots : *Au commencement Dieu fit les cieux et la terre*, et entrant aussitôt dans le narré de cette formation, il continue ainsi : *La matière étoit informe et nue, les ténèbres couvroient la surface de l'abîme....... Dieu dit : que la lumière soit, et la lumière fut*, etc. Il en est de même dans le cantique de Moïse et dans celui de Débora, qui débutent aussi par en exposer le sujet, comme suit.

> Alors Moïse et les enfans d'Israël chantèrent, etc.

> Dans ce jour Débora et Barac fils d'Abinohem chantèrent, etc.

Mais s'il eut été possible, malgré toute l'évidence des preuves contraires que j'en ai données, que Moïse voulut parler de la création des cieux et de la terre, dans le premier verset de sa narration, c'est alors qu'il auroit dû supprimer le second, ainsi que toute la suite de la même narration; parce que, s'ils eussent été *créés*, ce seul mot auroit tout dit. La formation des cieux et de la terre, devenoit alors non-seulement inutile, mais il auroit été contradictoire que le cahos existât, et qu'il servit encore à cette formation des cieux et de la terre, comme si, contre la supposition faite, ils n'eussent pas été créés.

Mais Moïse, continue-t-il, *nous dit d'abord, que Dieu créa ou forma les cieux et la terre, qui sont comme les deux extrémes de l'ouvrage, et ensuite il fait le détail*

détail des six jours, pour faire entendre au premier verset une opération de l'Eternel, différente des six jours, faite d'une autre manière, et sûrement il ne faut pas faire violence au sens de Moïse *et à la suite de son narré, pour lui faire dire une création dans ce premier verset.* (L'honnête Pasteur se méprend encore dans cette opinion où il est. La violence faite au sens de Moïse seroit extrême, de lui faire dire une création par le mot ברא *Bara* de ce premier verset; car ainsi que je l'ai exprimé dans ma *Dissertation*, rien d'antérieur ne détermine la signification de ce terme, et il ne peut en avoir d'autre que celle de formation, évidemment contenue dans toute la suite de la narration de ce législateur, où il emploie très-souvent le même mot ברא *Bara.*) *Pour étayer l'hypothèse de la Dissertation, il falloit apporter des passages des livres canoniques, et des écrivains antérieurs à la dernière dispersion, et prouver que les Juifs n'avoient point connu l'Eternel sous le nom de créa-*

teur, depuis Moïse *jusqu'à la traduction des Septante; que tout le monde croyoit la matière éternelle, et que* Dieu *n'a fait que l'arranger à son gré.* (J'ai fait beaucoup plus que tout cela encore; car outre toutes les preuves que j'ai données, et la narration entière de Moïse que j'ai pris en témoignage, j'ai mis en fait que, dans tous les livres canoniques et pendant tout ce long intervalle de siècles, rien ne constatoit le contraire; ce qui étoit produire également en preuves tous les passages des livres canoniques et toute l'histoire de ces siècles.) *N'y a-t-il aucun terme hébraïque pour marquer créateur, création, et le Seigneur qui étoit connu par ce seul peuple,* notus in Judea Deus, *ne l'étoit-il que comme un habile faiseur de formes, mais non comme créateur ?* J'ai d'avance répondu à toutes ces questions dans ma *Dissertation*, et si ce ministre s'étoit donné le temps de la lire en entier, avant de l'attaquer, il s'en seroit facilement apperçu.

La traduction des Septante a précédé la naissance du Christianisme. La synagogue étoit dans un état stable et florissant, lorsque cette traduction fut faite. Le changement de sens dans cet ouvrage, étoit assez important pour qu'on y fît attention. Cependant il ne paroît pas que le conseil de la Nation, ni ses chefs ayent fait procès à cette traduction, pour une chose qui en valloit tant la peine. Les Juifs de Jérusalem établirent un jour de jeûne pour s'affliger devant le Seigneur, de la profanation qui avoit été faite de sa parole, par une traduction en langue étrangère et barbare, et au milieu des gens si mal disposés, il ne paroît pas qu'on ait reproché à cette traduction d'avoir changé, dans le second mot des écritures, le sens si différent et si essentiel de *création*, pour simple *formation* ou *arrangement*; ce qui n'auroit pas manqué d'arriver, si la chose s'étoit passée comme le prétend la Dissertation. Cette traduction ayant été faite, comme le reconnoît mon contradicteur, en pays étranger et en langue réputée alors étrangère et barbare, que la nation ni ses chefs ne comprenoient pas, ils ont pu en méconnoître les détails et le sens qu'on leur a donné. Ils ont pu n'en avoir pris l'entière connoissance, qu'après leur guerre contre les Romains, qu'après leur dispersion dans ces mêmes pays étrangers, où presqu'en totalité ils ont été vendus par leurs vainqueurs, en qualité d'esclaves, et où ils ont été forcés d'y apprendre insensiblement la langue qu'on y parloit ; mais n'étoit-ce pas déja la plus grande réprobation et le plus grand procès qu'ils ayent pu faire à cette traduction, avant la guerre que leur ont faite bientôt après ces formidables ennemis, et à laquelle ils s'étoient préparés d'avance, que d'*avoir établi un jour de jeûne pour s'affliger devant le Seigneur, de cette profanation qui avoit été faite de sa parole?*

Le même Ecclésiastique ajoute : *On s'est bien querellé pour des choses de moindre importance, et ces changemens insensibles dans l'essentiel de la doctrine, ne se font nulle part sans contradiction.* Mais je demande, étoit-ce le cas, dans leurs dispersion parmi les autres peuples et dans les horreurs de l'esclavage, de réclamer sur la doctrine qu'ils ne pouvoient plus maintenir parmi eux ? Eh ! que pouvoient faire de plus les prêtres de la dispersion, que de souffrir les mauvais traitemens qu'ils éprouvoient, que de gémir sur tous les maux dont étoient accablés les autres juifs, qui se trouvoient comme eux dans les fers ?

C'est enfin après l'épouventable ruine du temple de Jérusalem et de la République des Juifs, sous Vespasien, qu'on prétend que les prêtres de la dispersion, ont substitué le sens de création à celui de formation. (Encore une fois ce ministre de culte ne m'a point entendu, s'il s'est donné la peine de me lire : autrement m'auroit-il appliqué l'anachronisme d'attribuer aux prêtres de la dispersion, ce qui n'étoit que l'ouvrage antérieur de quelques juifs

Hellénistes d'Alexandrie, auteurs de la traduction grecque des Septante, puisque les Juifs qui habitoient la Judée n'y avoient eu aucune part ? N'auroit-il pas dû voir qu'en m'exprimant dans ce sens, j'ai dit formellement que les nouvelles écoles, qui après la dispersion s'étoient formées parmi les juifs, successivement rachetés ou affranchis de l'esclavage, n'avoient pu diriger leur enseignement dans l'étude de la loi de Moïse, comme les écoles des chrétiens qui les avoient précédées, qu'à l'aide des traductions ? Ces traductions étoient faites dans les langues qui alors leur étoient devenues propres, et qui toutes avoient admis progressivement la fausse interprétation donné au mot ברא *Bara.*) *Mais à cette époque les Juifs n'étoient plus les maîtres de faire une si grande affaire. L'église chrétienne étoit formée. Elle avoit en main les écritures.*

Mais aussi alors l'église chrétienne avoit principalement la traduction grecque des Septante, que les juifs Hellénistes d'Alexandrie lui avoit déja inculquée, et dont elle ne s'est jamais départie. *Elle connoissoit leur vraie interprétation ; elle n'étoit rien moins que disposée à adopter un sens nouveau, inconnu jusqu'alors à tout ce qui avoit précédé, et proposé par des prêtres dispersés, qu'elle ne regardoit que comme des aveugles, qui n'entendoient rien aux écritures dont ils étoient porteurs.* Quelque fausse même à cet égard que la trouvassent les juifs Cabalistes, l'église chrétienne ne connoissoit ni ne vouloit connoître, que l'interprétation qu'elle avoit adoptée, et qui entroit si parfaitement dans son système théologique, que si les Septante n'avoient pas précédemment donné le sens moderne de créer au mot grec εποιησεν, *époïèsen*, par lequel a été rendu le mot ברא *Bara*, elle l'auroit elle-même établi, comme il est vraissemblable qu'elle l'a fait; puisque ce mot grec ne désignoit antérieurement lui-même aucune idée de création, non plus que le mot latin *creare*, qui n'avoient alors que le sens de עשה *Gnassa*, *faire* ou *former*, et qu'elle ou les Septante ont transformés, en appliquant à ces deux mots grec et latin, l'idée d'une extraction de choses hors du néant ; nouvelle idée que l'église a seule insensiblement fait prévaloir.

Si la matière, termine ce digne Ecclésiastique, *est éternelle, si* Dieu *ne peut créer, par cette raison, qu'il ne peut agir sur le néant, et cette raison paroît être le pivot de la Dissertation,* Dieu *n'est plus le créateur, ni de la matière, ni des intelligences bornées.* (Cela n'est pas douteux, non plus qu'il ne soit le formateur du monde et l'émanateur de ces intelligences bornées.) *Il faudra qu'il tire tout de la matière, l'ame sera matérielle.* (Notre ame n'ayant point été tirée de la matière, comme l'ont été les Etres corporels, ne peut jamais être matérielle comme eux ; puisque nous ne connoissons ni ne pouvons concevoir en elle que les facultés intellectuelles, très-bornées que Dieu a émanées en nous.) *Nous ne pouvons plus nous adresser*

à

à DIEU comme à notre créateur. (Mais il sera toujours le seul auteur de notre être, celui de la nature entière, le fabricateur et le mobile de l'Univers, la source inépuisable de tous les biens, de toutes les perfections, et de qui ne sauroit provenir rien de mauvais, ni de défectueux, tel qu'on reconnoît la matière, qu'il n'a donc pu créer). *Nous n'en serons dépendans que pour les modifications de notre ame, le fonds en sera indépendant ; parce qu'il appartiendra à une matière éternelle, et indépendante de tout autre être.* Notre ame ne pouvant avoir par sa nature simple et indivisible de connexité avec les corps matériels, étendus et divisible, rien n'empêche que tout son être ne soit dépendant de DIEU, comme son unique auteur, sans l'être jamais de la matière, quelque éternelle qu'elle soit, et avec qui elle ne peut avoir rien de commun, pas plus, ce me semble, que n'en ont tous ces raisonnemens avec la coéternité de la matière, dont il est seul question.

S'il étoit possible, me demande ailleurs le même Ministre de culte, *que le sens du mot Bara ait été oublié ou changé, par tous les dépositaires des Livres Saints, quel usage pourroit-on en faire contre les incrédules, qui prouveroient par ceci seul qu'on ne les entend plus ?* Il en conclud que l'esprit de Dieu, qui a inspiré Moïse et les écrivains sacrés, s'est retiré du millieu des hommes, qui depuis long-temps ne savent plus d'après les écritures, si l'Etre-Suprême est le créateur des êtres bornés et contingens, ou s'il n'en est que le formateur. Il craint que les hommes ne puissent plus se servir du seul livre où toutes ces merveilles sont écrites par l'esprit de Dieu, avec l'assurance que donne la foi en lui, et avec la vérité essentielle qu'il ne peut tromper, ni être trompé.

J'ai répondu à cela que les preuves que j'ai produites sur l'incréation de la matière, ne peuvent, comme le fait éminemment la création, laisser aucune prise aux incrédules en Dieu, ni à ceux qui ne le sont pas, aucune incertitude sur le vrai sens du mot ברא *Bara*, mal interprêté dans toutes les traductions modernement faites du Pentateuque, depuis la première rédigée à Alexandrie, qui leur a servi de modèle : car ces preuves fondées sur la saine philosophie, qui réprouve le sens de créer qu'elles ont substitué à ce mot, sont elles-mêmes constatées par le rapport des textes de l'original hébreu des livres de Moïse, sur lequel seul à peu s'établir la foi qu'on y porte, et non sur ces traductions plus ou moins fautives. J'ai ajouté que cet original hébreu, par prédilection à tous les autres livres canoniques, a été conservé jusqu'à ce jour, par tous ceux à qui il a été transmis, tel qu'ils l'ont successivement reçu des mains de ce législateur philosophe, de celles du grand prêtre Helcias sous Josias et de celles d'Esdras, avec une fidélité religieuse, dont rien n'a fourni l'exemple depuis la plus haute antiquité.

Cette transmission de l'original hébreu du Pentateuque, sur lequel on a poussé l'exactitude jusqu'à en cumuler le nombre des mots et des lettres, a toujours été conservée par la lecture entière, qui dès son origine s'en faisoit ordinairement tous les sept ans, devant tout le peuple assemblé, outre celles plus locales et multipliées qui pouvoient avoir lieu annuellement, et qui s'en font encore par-tout; mais avec la règle invariable qui s'observe jusqu'à présent, depuis la finale dispersion de ce peuple, que ces lectures ont lieu dans chaque synagogue tous les samedis et jours de fêtes, chapitre par chapitre, et que chaque rigide observateur de ses rites, est tenu d'en avoir une copie transcrite de sa propre main, en grand rouleau sur vélin épais (1), pour la méditer constamment. Ainsi tout semble se

---

(1) L'Auteur dans sa tendre jeunesse, en a lui-même de la sienne transcrit une copie.

réunir pour confirmer la foi qu'ont tous les Juifs et les Chrétiens, sur la fidèle transmission des livres hébreux de Moïse, comme rien ne peut atténuer la fausseté de la création qu'on a voulu y trouver.

———

On n'a rapporté ici cette première réponse, que pour la faire suivre ci-après d'un autre, à des objections de toute autre importance, que le même Ministre de culte a faites sur l'incréation de l'ame.

ESSAI
DE PHILOSOPHIE

RATIONNELLE,

SUR L'ORIGINE DES CHOSES;

ET SUR

LEUR ETERNITÉ FUTURE;

OU

Discussions Philosophiques sur la coéternité de la matière, et sur la Providence Divine contre la Création et l'Athéisme.

LIVRE SECOND.

AN IX.

AVANT-PROPOS.

L'opération si manifeste et si merveilleuse de la toute-puissance Divine, qui a eu pour objet la formation de l'Univers, n'auroit jamais pu être mise en doute, ni trouver de contradicteur qui ne fut notoirement en délire, si voulant en étendre l'idée à celle de sa création, on n'avoit pas toujours prétendu y substituer cette soi-disant origine de tous les êtres matériels, qui a tant fait d'incrédules en Dieu, et dont la funeste incrédulité n'a été que trop propagée de nos jours, par beaucoup d'hommes méprisables qui jouissoient cependant d'une grande faveur populaire, et qui en ont abusé pour en prôner authentiquement les principes, jusque dans le sein de nos assemblées Nationales. S'ils ne l'ont peut-être pas fait avec l'assentiment général, cela a du moins été sans aucune réprobation, et avec une telle persévérance, à Paris et dans presque tous les départemens, que le féroce et sanguinaire Robespierre s'est lui-même vu obligé d'en arrêter le cours, et d'employer toute sa prééminence pour faire décréter la vague reconnoissance de l'Etre-Suprême *.

---

* Le délire a été si grand que, trop récemment encore, nous avons vu dans les journaux publics un de nos plus anciens philosophes, respectable à tous autres égards, s'y faire gratuitement une gloire de s'annoncer pour athée, et je serois moins étonné

Avant-Propos.

Dans nos temps modernes, où les lumières se sont si fort étendues, il auroit été facile de foudroyer les principes et assertions des fauteurs de l'athéisme, si en luttant contr'eux, on n'avoit pas confondu constamment l'idée de Dieu, agissant souverainement sur la matière passive, mais incréée, dont il a formé tout ce qui existe, avec les notions contradictoires de la création, qu'on leur opposoit si inconséquemment, et qu'on

---

qu'il se fit le champion de leur pernicieuse doctrine, contre cet *Essai de Philosophie rationnelle*, que je ne l'ai été du scandale qu'il a donné, de gaîté de cœur, à toutes les ames honnêtes dont il s'étoit fait estimer, à moins qu'il n'eut eu pour unique objet momentanné de fournir ce démentir au proverbe, que *nul astronome ne peut être athée*.

vouloit soutenir à tous prix. Ce ne sont que ces confusions d'idées incohérantes, qui ne pouvant supporter l'examen, ont donné en cela tout l'avantage aux incrédules, qui nioient l'un et l'autre dogme : car en leur opposant la création, comme la plus forte preuve de la toute-puissance de Dieu, on n'a jamais pu l'étayer que par de faux fuyans et des raisonnemens amphibologiques, indignes de de la cause de l'Etre-Suprême, que par de si futiles moyens, les philosophes qui s'en sont faits les défenseurs n'ont cessé de compromettre.

J'en mettrai j'espère les vices en évidence. Je suivrai l'examen de tous ces raisonnemens, sans omettre aucun de ceux qui, considérés comme les plus importans, ont été souvent reproduits sous diverses faces; ce qui m'a mis quelquefois dans le cas d'y appliquer des réponses que j'y avois faites, lorsqu'elles étoient conçues en peu de mots, plutôt que d'en employer de foibles ou moins concises; mais, dans tous les cas, j'aurai la scrupuleuse attention de ne rien isoler des idées ou argumens que j'aurai à réfuter, et de m'interdire en général tous genres d'extraits qui pourroient en diminuer la force.

En rendant impuissante par ma *Dissertation sur l'origine du monde*, cette arme fournie aux athées, pour laisser intacte et à jamais indubitable, l'opération toute-puissante de Dieu sur la matière incréée, dont il a formé la terre et tous les corps célestes, j'ai non-seulement démontré que la bonne cause de Dieu en devenoit incomparablement plus manifeste et foncièrement inattaquable, mais encore que la création de la matière, outre son impossibilité absolue, étoit incompatible avec l'essence et les attributs ou perfections infinies de l'Être-Suprême. J'ai mis aussi, ce me semble, dans une entière évidence, que ce dogme controuvé n'étoit qu'une invention moderne, substituée à la réelle formation de l'Univers, si énergiquement décrite par Moïse, dont le narré n'auroit jamais donné lieu à la notion creuse de la création, si on n'avoit pas faussement interprêté le texte hébreu, par des traductions inexactes. Rien autre chose que cette prétendue preuve de la toute-puissance de Dieu n'a pu en faire si fort douter, et n'a sans doute autant multiplié le nombre des athées, dont la doctrine funeste a été promulguée avec un redoublement de scandale et d'audace, dans ces derniers temps de vandalisme, où la démoralisation et l'impiété étoient en vogue, et selon le langage de leurs partisans *à l'ordre du jour*.

Je reviens à l'hypothèse de la création, généralement adoptée par les philosophes modernes, pour faire observer que l'insidieux usage qu'ils en ont fait pour prouver la toute-puissance Divine, m'avoit seule fait prendre la plume contre ce système. J'y avois été d'autant plus excité, que je m'étois convaincu que la création n'avoit fait de tous ces philosophes que de frêles défenseurs de la Divinité. Mais on a en général pris le change sur le but de ma *Dissertation*, en l'accueillant comme un pamphlet hétérodoxe, qui concourroit aux maximes du jour, dont on n'étoit que trop imbu, tandis que ce petit ouvrage n'avoit pour objet essentiel que de conduire à leur totale réfutation, et par-là de ramener tous les esprits à l'invariable croyance du Suprême ordonnateur de toutes choses.

Je commencerai dans ce qui me reste à dire, par l'examen des principales raisons fournies par le célèbre Clarke ou autres Auteurs qui, en ne traitant qu'incidemment la question, l'ont cependant fait avec quelqu'étendue, pour répondre en même-temps à des objections particulières, qui m'ont été faites contre l'incréation de l'ame, et pour discuter ensuite l'article création du dictionnaire de l'Encyclopédie, du philosophe Formey qui, paroissant y avoir réuni toutes les notions qu'on avoit tenté de s'en faire jusqu'à lui, a formé un corps complet de ce système, et dans ces discussions, je tâcherai toujours de mesurer le poids de mes réponses, à l'importance plus ou moins grande des thèses qui y sont soutenues.

Enfin

Enfin après avoir répondu aux raisonnemens, sur lesquels un de nos derniers philosophes établit le prétendu mouvement essentiel à la matière, et la soi-disant fin du monde, je terminerai ces discussions, par l'examen des différens articles du dictionnaire critique de BAYLE, que les fortes objections qu'il y a rassemblées contre l'éternité de la matière, presque toutes fondées sur d'anciens principes d'athéisme revêtus de nouvelles formes, ont rendu le plus formidable promoteur de la création de la matière, et qui ont entraîné tous les philosophes modernes dans cette croyance, comme l'a aussi fait la prétendue preuve, que j'aurai de même à réfuter, déduite de la notion abstraite de *l'être nécessaire ou existant par lui-même.* Mais BAYLE en produisant ces objections contre l'éternité de cette substance incréée, a été assez sage et prudent pour ne jamais sortir du rôle d'attaquant; puisque ce grand logicien s'est tout autant gardé de vouloir nous donner une idée de la création et d'en établir l'hypothèse, que d'oser la défendre d'aucune des nombreuses absurdités et contradictions qu'elle réunit en soi, et que c'est proprement avoir atténué le tort qu'il se faisoit, en attaquant l'éternité de la matière, que de s'être interdit la défense de l'erreur contraire. C'est aussi pourquoi il auroit été très-à souhaiter pour les progrès de la saine philosophie, dont malgré cela il a été par ses rares talens un des grands précurseurs, que cette marche dont il a seul fourni l'exemple frappant, si elle n'eut pas fait revenir tous les hommes de Lettres de l'idée erronnée de la création, les eut du moins empêchés de la mettre au rang des principes philosophiques, qu'elle n'a pu que dégrader, par les grands égaremens dont elle a été la source féconde.

Dans le cours de l'examen que je continuerai à faire de ce faux principe philosophique, ainsi que de tous ceux des athées que BAYLE a produit indirectement à son appui, et qui en font toute la force, je m'attacherai à déduire du principe contraire ; c'est-à-dire, de la coéternité de la matière, la solution claire et précise de plusieurs grandes questions philosophiques, principalement sur la providence divine, que les impies se sont efforcés d'attaquer et, ce qui la disculpe essentiellement, sur le problême de l'origine du mal, que tous les philosophes ont vainement cherché à pallier par toute autre voie raisonnable, sans en pouvoir justifier la

Divinité. Si j'en démontre les vérités fondamentales, peu importera qu'on dise que je me suis trop appesanti à les prouver, et que je pouvois en abréger la discussion.

Cet examen fera aussi juger à quel point j'ai été fondé dans ma *Dissertation sur l'origine du monde*, à conclure de la réfutation que j'ai produite de la création, que « chaque pas que l'on fait dans ce
« systême découvre de nouvelles contra-
« dictions et de nouvelles difficultés,
« *qu'on élude, mais auxquelles on ne peut*
« *répondre*, qu'on ne sort d'un gouffre
« d'absurdités, qu'en se précipitant dans
« un autre, et à dire que ce systême a in-
« finiment plus d'obscurités et d'embarras,
« que n'en pourroit avoir pour notre foible
« entendement, malgré toute son évidence
« ou extrême probabilité en elle-même, la

« théorie de l'Etre-Suprême combinant
« et modifiant, avec une pleine et en-
« tière puissance, la matière passive et
« morte, mais incréée et inanéantissable
« dont il a formé l'Univers, sans qu'au
« flambeau de la raison, il puisse avoir
« par un des avantages de la théorie op-
« posée, que J. J. Rousseau apprécioit
« tant, et qu'il avoit si fort raison d'ap-
« précier ». C'est ce qu'il m'aura suffi de
prouver, sans être moi-même obligé de
chercher, s'il se trouve en réalité, dans
cette grande et belle théorie de la coéternité des deux principes, l'un actif et
l'autre passif, Dieu et la matière, quelqu'une de ces difficultés ou objections
qu'on puisse qualifier d'embarrassante ;
mais que ses détracteurs n'ont pu encore
présenter, quelques soient les nombreux
aspects sous lesquels ils ayent pu envisa-

ger la question, soit en attaquant, soit en voulant éluder la foule des contradictions, résultante de la création et de l'athéisme, qu'on a en vain opposé de part et d'autre à cette coéternité des deux principes.

ESSAI DE PHILOSOPHIE

RATIONNELLE.

LIVRE SECOND.

Discussions philosophiques sur la préexistence de la matière et sur la Providence Divine, contre la création et contre l'Athéisme.

CHAPITRE PREMIER.

Examen des raisons que produit Clarke, en faveur de la Création, dans son traité sur l'existence de Dieu.

L'unique raison, dit Clarke, chap. XI, page 180, *que l'athée puisse alléguer en faveur de son opinion* (contre la création), *c'est que la chose est impossible, d'une impossibilité absolue et naturelle. Mais pourquoi leur paroît-elle si impossible ? C'est, disent-ils, qu'il ne leur est pas possible de comprendre comment elle peut être.* Sans avoir le funeste malheur d'être mécréant ni athée, on s'appercevra facilement que ce philosophe si profondément instruit, paroît ignorer toutes les fortes contradictions, qu'on attribuoit ou pouvoit attribuer à la création de la matière, ainsi que sa propre impossibilité, que j'ai déja ce me semble assez passablement bien développées, et qu'il ne fait néanmoins consister, que dans l'impossibilité qu'ont ses détracteurs de comprendre comment elle peut-être, afin d'éluder l'embarras qu'il devoit trouver à y répondre. Mais passons lui ce détour, pour lui laisser continuer ses argumens, sous ce simple aspect. *Pour la contradiction,* ajoute-t-il, (*qui est pourtant la seule impossibilité réelle*) *il leur est impossible de démontrer qu'il y*

en

en ait aucune. J'ai déja prouvé précédemment, qu'il n'y a point dabsurdité qui en fournisse d'avantage. *Car, poursuit-il, qu'elle contradiction y a-t-il à dire, qu'une chose qui n'étoit pas auparavant, a commencé d'exister par la suite ? Il y a une grande différence de ce langage, et celui-ci : une chose est et n'est pas en même-temps.*

Je réponds qu'il n'y a aucune différence, pour l'impossibilité, entre l'action proprement dite de créer, et le même exemple de contradiction que Clarke choisit, si on emploie la véritable définition, si simple et si généralement admise de la création, qui est *de tirer la matière du néant*, et qui même, quelque soit celle qu'on veuille lui substituer, commenceroit toujours par lui donner l'existence, à l'instant indivisible où elle ne l'avoit pas, et par conséquent elle seroit et ne seroit pas dans le même temps ; première impossibilité, que Clarke juge lui-même impliquer formellement contradiction. Il en résulteroit que dans ce même instant, le néant et l'être auroient été unis et confondus ensemble, seconde impossibilité; que l'incompatibilité absolue qui existe entre le néant et l'être, auroit alors été atténuée au point de rendre leur identité parfaite, de manière qu'il n'y auroit rien eu qui ne fut vrai et faux en même-temps, troisième impossibilité; qu'ainsi Dieu auroit agi sur le néant, qui n'est rien, pour opérer la création de la matière, qu'il en auroit été la cause première et le néant la cause seconde; tandis que toute action exige nécessairement un sujet sur lequel elle agisse, et que sans cela il ne peut s'opérer d'action ni résulter d'effet, quatrième impossibilité. Il s'ensuivroit que si la création étoit l'ouvrage de l'auteur et ordonnateur de toutes choses, elle ne pourroit être plus incompréhensible que lui-même; puisqu'il ne nous est formellement connu que par ses véritables ouvrages, par la beauté, l'ordre et l'harmonie qui leur sont propres, et qui nous attestent si authentiquement la perfection de ses divins attributs, cinquième impossibilité. Il résulteroit aussi pour sixième impossibilité de la création, opérée par l'Auteur de tous les biens, qu'il seroit de même l'Auteur de tous les vices inhérens à la matière, d'où émanent tous les maux physiques et moraux qui existent dans le monde. Il s'ensuivroit pour septième impossibilité, qu'il auroit été inutile à cet Auteur de tous les biens, d'avoir fait de l'Univers entier et de ses moindres parties, des chef-d'œuvres de solidité et de perfection, à pouvoir durer éternellement: car j'ai prouvé dans *ma Dissertation, page* 28, outres les précédentes impossibilités et contradictions inséparables de ce faux système, que s'il eût été incompatible à la toute-puissance de l'Etre-Suprême, que la matière eut joui de l'éternité passée, il lui répugneroit nécessairement qu'elle eut l'éternité future, et de laisser subsister ces chef-d'œuvres de perfection que Dieu a faits dans sa profonde sagesse ; qu'ainsi il ne pourroit avoir été le créateur des mondes, qu'autant que lui-même en devroit être le destructeur et l'anihilateur ; de manière à n'être plus déterminé par sa nature, qu'à nuire et à faire le mal; ce qu'on ne peut jamais supposer *.

Mais la définition de la création, que CLARKE voudroit substituer à la véritable ; savoir, *qu'elle est une chose qui n'étoit pas auparavant, et qui a commencé d'exister ensuite*, est à dessein si vaguement exprimée, et peut s'appliquer à tant de choses et à tant d'existence différentes, qu'on s'exposeroit soi-même à divaguer, si on entreprenoit de l'analyser, et de la ramener à la création proprement dite ; au lieu que tous les défenseurs de ce faux

---

* J'avois fait usage de ces argumens dans ma réplique à l'Auteur de l'écrit intitulé *Dieu Créateur*, qui n'a point été contredite par cet Adversaire qui m'avoit attaqué ; mais que je fis si à la hâte en peu de jours, comme je l'ai mentionné en la terminant, que quoiqu'assez forte de raisonnement, je me dispenserai d'en grossir cet Essai de Philosophie rationnelle.

système, (si on en excepte CLARKE à beaucoup d'autres égards, mais non à celui-ci) sacrifiant sans cesse, comme je l'ai dit dans mon avant-propos, la cause de la divinité pour le soutient de cette chimérique notion, l'assimilent et la confondent si souvent, avec les réelles formation, génération, production, etc. des êtres matériels, qui sont si excessivement différentes de leur création, et qui ont aussi donné l'existence à ces modifications sans nombre, que DIEU a opérées sur la matière dont il a construit l'Univers. Ils n'en fournissent tous que de trop fréquens exemples. C'est néanmoins sur cette vraie définition, si claire et si simple de la création, ou *extraction de la matière hors du néant*, qu'a constamment été établi le principe fondé sur la raison universelle, qui veut que *rien* ne se fasse de rien ou *ne se tire du néant*, auquel les mêmes défenseurs de ce système, ont faussement cherché une foule de sens différens, plus ou moins vague, pour mieux en éluder le véritable, quoiqu'il ne puisse être mieux déterminé, que par la constante application qu'on en a toujours faite à la création de la matière. Telle est en substance la marche qui a été suivie dans cette grande question, et dont chaque apologiste de la création ne s'est jamais départi, si ce n'est pour rejeter les fausses interprétations, que ses propres dévanciers ont données à ce principe, *rien ne se fait de rien*, en y substituant celles qu'il a lui-même imaginées; ce qui les a réduit à n'avoir tous, à ce sujet, que des opinions individuelles, comme il arrivera toujours lorsqu'on voudra s'écarter de la vérité.

Il y a, est-il déja dit, une grande différence entre ce langage, et celui-ci; une chose est et n'est pas en même-temps; ce dernier est une contradiction directe et formelle; mais il n'y a dans l'autre ni contradiction directe ni indirecte. Quoiqu'en dise CLARKE, la contradiction est si directe et si formelle, que nous venons de la voir dériver l'une de l'autre. *Il est vrai, continue ce philosophe, qu'accoutumés à ne voir que des choses, qui viennent au monde par la voie de la génération, ou d'autres qui périssent par voie de corruption, et n'ayant jamais vu de création, nous sommes sujets à nous faire une idée de la création, toute semblable à celle de la formation.* (En reconnoissant que ce n'est qu'une érreur, CLARKE ne nous donne ici que le foible prétexte, et non le véritable motif, expliqué dans mon avant-propos, pourquoi lui et tous les autres sectateurs de la création universelle, s'y livrent constamment, et pourquoi, si souvent, ils prennent l'une pour l'autre, assimilent et confondent ces deux opérations de créer et de former, si essentiellement différentes, que j'ai toujours si soigneusement distingué entr'elles, et qui les leur fait présenter, comme également possibles et également réelles, sans avoir jamais pu alléguer aucune raison plausible, de la réalité ou de la possibilité de celle de créer la matière), *on s'imagine, que comme toute formation suppose une matière préexistante, ainsi il faut, malgré qu'on en ait, supposer en matière de création, je ne sais quel néant préexistant duquel, comme d'une matière réelle, les choses créées ont été tirées.* (C'est pourtant ce qu'il faut nécessairement supposer, ainsi que Clarke l'avoue, et quelque illusoire qu'il le reconnoisse lui-même, si on veut soutenir l'idée non moins chimérique de la création; parce qu'enfin, dans la fausse hypothèse que la matière n'existoit pas, il résulte de tout ce qui précède, qu'il faut bien qu'elle ait été tirée du néant) *Je conviens que cette notion a en effet un grand air de contradiction.* (Il auroit dû aussi convenir de bonne foi, qu'elle en a toute la réalité, puisqu'on n'a jamais pu la concilier). *Mais qui ne voit pas que ce n'est là qu'une pitoyable confusion d'idées.* Sans doute cela en est une, mais uniquement de la part de ce philosophe.

Je dis de plus que cette notion véritablement

tablement contradictoire de la création, a toute la précision que la nature de cet objet, purement hypothétique, puisse le comporter; ce que n'a pas celle que Clarke voudroit gratuitement lui substituer, et qui en effet n'est qu'une véritable confusion d'idées, qu'on fait sans cesse réjallir, comme je l'ai dit, sur la cause de la Divinité, qu'on veut défendre par de si pitoyables moyens : car on ne sauroit trop répéter, qu'on ne peut concevoir que trois manières, dont l'existence des objets corporels a pu commencer, et qui forment trois systêmes différens, entre lesquels il faut indispensablement opter. Si Dieu n'a pas extrait ces objets d'une matière, de tous les temps préexistante à la formation du monde, qui est pourtant le seul de ces systêmes qui soit véritable et fondé en raison, il faut nécessairement qu'il les ayent soustraits de son propre sein, ou tirés hors du néant ; puisqu'il faut bien de toute nécessité qu'il les ayent sortis de quelque part. Cet exposé est simple, clair et précis. On ne doit pas s'en écarter, en raisonnant sur la toute-puissance et sur la providence Divine, pour peu qu'on ait la vérité pour objet, et qu'on ne veuille pas confondre, ainsi qu'on ne discontinue pas de le faire, toutes les idées, sur des questions aussi importantes que celles dont il s'agit.

Or, si Dieu a tiré de lui-même et de son sein tous les objets matériels, que nos sens nous font appercevoir, ce n'est pas une création des choses, lorsqu'elles existoient en lui, et qu'il n'en auroit fait que la simple émission. Dieu seroit lui-même corporel, et tout ne seroit qu'un pur matérialisme; système insensé dont toute la nature atteste l'insigne fausseté, et que tout homme raisonnable et de bonne foi doit rejeter avec horreur. L'extraction de tous les corps que Dieu a faite, d'une matière existante de toute éternité, pour en former l'Univers, indépendemment des grands avantages qui lui sont propres, et qui en font le principe fondamental de tout ce qui est du ressort de la philosophie rationnelle, n'a aucun des énormes inconvéniens du système précédent, non plus qu'aucune des nombreuses impossibilités, contradictions et absurdités, inséparables du système de la création de toutes les choses corporelles qui, dans le troisième et dernier cas, auroient par conséquent été immanquablement tirées du néant. Mais cette dernière extraction n'est, non-seulement pas dans aucun ordre des choses possibles, mais ne sauroit, ni se concevoir ni s'admettre. Ce sont évidemment tous ces notables inconvéniens, dont le philosophe Clarke n'a pu manquer de s'appercevoir, qui l'ont empêché de vouloir qu'on se figure, que la création de la matière soit tirée du néant; puisqu'il n'en allégue aucune autre raison ; ce qui l'a forcé pour s'en dispenser lui-même, de s'envelopper dans des généralités qui, sans le dire formellement, peuvent si vaguement le supposer, que n'étant pas facile de l'en déduire, il s'étoit flatté qu'on n'y trouveroit pas la même contradiction : car c'est ainsi qu'il continue à s'exprimer.

Pour avoir une idée juste de la création, il ne faut pas se la figurer, comme la formation d'une chose, qui est tirée du néant, considéré comme cause matérielle. Créer c'est donner l'existence à une chose, qui ne l'avoit pas auparavant ; c'est faire, répéte-t-il, *qu'une chose qui n'existoit pas auparavant, existe maintenant. Je défie qui que se soit, de me faire voir de la contradiction dans cette idée.* C'est pourtant ce que j'ai clairement prouvé, malgré ce défi formel ; puisque je le réitère, cette nouvelle existence des choses, n'étant pas au même instant où elle commenceroit d'être, seroit et ne seroit pas en même-temps ; ce qui ne pourroit être plus contradictoire. Cependant après avoir produit lui-même un argument contre la création, revêtu d'une forme paradoxale, qu'il ne lui étoit pas difficile de trouver telle, il conclud par dire : *La création de la matière au reste est si peu impossible, qu'elle est démontrable par la raison toute seule. En effet j'ai fait voir ci-dessus, que la supposition de l'existence nécessaire de la matière étoit une contradiction.* On a dû facilement juger, par tout ce qui précède, de quelle manière il a pu le faire, à moins qu'il n'ait entendu l'avoir très-antérieurement fait voir, par le même argument *a priori* de l'*être nécessaire* ou *existant par lui-même*, que l'article création de l'Encyclopédie lui a emprunté ; mais que je scruterai soigneusement, en faisant ci-après l'examen de cet article.

« Mais (pourroit-on m'objecter), la
« difficulté ou impossibilité de conce-
« voir la création, n'est pas une rai-
« son de la rejeter ». Quoiqu'en effet, la création soit de toutes les choses la plus inconcevable, je conviendrai de bon cœur, même à cet égard, que ce n'est

pas sur les bornes de notre esprit, qu'il faut seul déterminer la possibilité ou l'impossibilité de leur existence : car je ne reconnois que trop, par les limites très-resserrées de ma foible intelligence, qu'il est dans la nature un grand nombre d'objets, de la réalité desquels je puis aussi peu douter que les concevoir; qu'il est aussi beaucoup d'autres choses que nous découvrons tous les jours, par nos observations et nos recherches, sans savoir comment elles s'opèrent; une multitude d'autres que nos successeurs découvriront progressivement, dans l'immensité des siècles à venir; et enfin une beaucoup plus grande multiplicité d'autres choses ou vérités, que nous et eux ignorerons toujours, ou que nous ne pourrons savoir, que lorsque notre ame sera dépouillée de ce qu'on appèle son envelope, qui paroît la circonvenir, nous ne savons comment. Mais aucune de ces choses ou vérités, ne peut être incontestablement absurde, ni contradictoire;

parce que si elle l'étoit, elle seroit incompatible avec la nature et son auteur, et ce sont pourtant ces mêmes absurdités et contradictions, que j'ai prouvé être évidemment le partage de la création.

La seconde proposition, dit Clarke, page 184, *que je mettrai en avant; c'est qu'une puissance infinie peut créer une substance immatérielle, une substance qui pense, revêtue du pouvoir de commencer le mouvement, et de la liberté de vouloir et de choisir.* Comme il ne peut être douteux, que notre ame ne soit cette substance immatérielle, douée de la faculté de penser, quelle est revêtue du pouvoir de commencer le mouvement, ainsi que de la liberté de vouloir et de choisir, je ne m'arrêterai pas aux raisons qu'il n'étoit pas difficile d'en fournir; mais seulement à la preuve que Clarke prétend donner, de la possibilité de créer cette substance immatérielle, qui ne consiste, comme je l'ai dit, que dans ces mêmes facultés que Dieu nous a rendues propres; et nous verrons, si cette dernière preuve n'est pas aussi peu fondée, que l'ont été les démonstrations qu'il avoit aussi prétendu fournir, de la possibilité de la création de la matière. *Or, continue-t-il, comme c'est une proposition de la dernière importance en matière de religion et de morale, je me propose de la prouver par parties le plus solidement qu'il me sera possible.* Avant d'examiner les raisons sur quoi il en fonde la preuve, j'observerai que la religion et la morale, sont parfaitement à l'abri de toutes atteintes à cet égard, lorsqu'il est mutuellement reconnu, que nous ne tenons que de Dieu, ces facultés qui résident en nous.

Ce philosophe établit d'abord, avec raison, contre les athées, qu'une substance qui a la faculté de connoître et de penser, est une chose très-possible, et qu'une substance immatérielle en qui l'on trouve cette connoissance de la pensée, ne renferme aussi aucune impossibilité, ni n'implique point contradiction ; ce qui doit toujours

toujours lorsqu'il y a conformité aux saines idées de l'ordre et de l'analogie, former la distinction fondammentale en philosophie rationnelle, entre la vérité et l'erreur. Nous voyons, dit-il, tous les jours, nous sentons, nous remarquons et hors de nous et en nous-mêmes des facultés, des perceptions et des opérations, qui sont incontestablement des propriétés des substances immatérielles, qui réfléchissent et qui pensent. Il ajoute, avec non moins de raison, que dans ces substances qui réfléchissent et qui pensent, la réflexion et la pensée sont des propriétés aussi éloignées, de celles reconnues résider dans les êtres corporels, qu'il est possible de concevoir, et que c'est cela qui détruit entièrement le fondement des objections, que les athées font contre l'immortalité de l'ame.

CLARKE établit pareillement ensuite, page 196, que, *comme le pouvoir de commencer le mouvement n'est pas une chose impossible, puisqu'il est nécessairement dans la cause première, il se peut aussi très-bien faire que ce pouvoir soit communiqué à des êtres créés.* Cette communication de pouvoir transmise aux êtres secondaires, est beaucoup plus que probable; mais elle n'est pas une création, et elle ne démontre pas plus, que le corps humain, ni l'ame qui préside en lui, soient ni l'un ni l'autre des êtres créés, que la raison suivante qu'il en fournit. *La raison en est évidente,* ajoute-t-il; *car il n'y a rien d'incommunicable, que ce à quoi l'idée d'existence nécessaire et d'indépendance absolue se trouve jointe. Qu'un être subordonné existe par lui-même et soit indépendant, c'est ce qui est absurde et contradictoire; mais il n'y a nulle contradiction, à le concevoir revêtu de faculté et de pouvoir, qui n'ont point de liaison avec ces attributs.* Il en résulte au contraire bien plus clairement que l'ame, qui est un être simple, n'a pas plus été créée que la matière; mais avec cette différence que l'ame n'existe pas nécessairement, et que substanciellement elle n'est pas indépendante; puisqu'elle n'est, ainsi que Clarke le reconnoît lui-même, que les facultés et les pouvoirs intellectuels que Dieu a transmis à l'homme, et qu'on ne sauroit prouver, que cette communication de pouvoirs et de facultés, qui constitue notre ame, soit une création proprement dite.

Nous ignorons entièrement ce qu'est en soi ce que nous appelons ame ou esprit; toutes les opérations que nous lui attribuons, et que nous ne pouvons appliquer qu'à cet objet inconnu, nous prouvent seulement qu'il est simple, indivisible, et par conséquent incompatible avec les êtres corporels, qui sont étendus et composés de parties. Il nous paroît pourtant certain que Dieu a uni l'ame avec la matière de notre corps, qui ne lui permet de ne rien appercevoir que par l'entremise de ses organes; que c'est elle qui détermine les mouvemens de celui-ci, et que cette union qui semble à notre foible raison impliquer le plus formellement contradiction, suppose toutefois entre ces deux choses opposées des rapports, qu'il ne nous est pas possible d'expliquer, parce que nous ne pouvons les concevoir. Nous sommes donc réduits à ne connoître de l'ame, que les seules facultés actives et intellectuelles qui sont en nous, sans pénétrer comment elles y résident, ni sans pouvoir nous faire une idée de ce que peut être en lui-même cet objet immatériel. Delà dérive l'impossibilité où nous sommes de résoudre les contradictions, que paroît nous présenter son union avec le corps; delà dérive aussi toutes les inconséquences et contrariétés, qui font de l'homme un être inexplicable à lui-même.

La justice Divine envers les martyrs de la vertu, trop souvent malheureuse et persécutée dans le froissement de l'ordre social, ne peut nous laisser un instant douter que l'ame ne survive au corps. Mais soit qu'on veuille la considérer avant son union avec lui, soit qu'on veuille l'examiner pendant leur association, l'ame nous reste d'autant plus inconnue, que n'existant pas par elle-même, nous ne sommes pas mieux instruits de la nature du grand Etre dont elle tient sa source. Nous ne savons en outre si sa production est antérieure, simultanée ou postérieure à la conception du germe, si l'union s'en fait dès cet instant avec lui, si elle s'effectue pendant le développement du fœtus, ou si elle n'a lieu qu'à la naissance de l'homme. Il ne nous appartient pas non plus de connoître, s'il existe de purs esprits, qu'on ne pourroit raisonnablement supposer pervers ni malfaisans, et s'ils sont intrinséquement d'une nature supérieure à celle des êtres mixtes, si toutefois ils n'étoient pas ceux de ces derniers êtres, qui jouissent maintenant de la béatitude, que leur a méritée leur vertu exemplaire parmi les hommes.

Dans l'ignorance de ce qui la concerne, on a appliqué ce nom d'ame à la collection de nos facultés actives et intellectuelles, qui ne s'étendent pas jusqu'à nous faire savoir ce qu'est cet être en lui-même, sans pour cela nous faire supposer qu'il ne soit qu'une abstraction, qu'un être métaphysique, comme le fait entendre l'Auteur de *la philosophie de la Nature*, ouvrage qu'il ne faut pourtant pas confondre avec la production insidieuse et malfaisante, intitulée *systéme de la Nature*. Pour connoître ce qu'est intrinséquement l'ame, il faudroit pouvoir la considérer dégagée de l'influence des sens ; ce qui étant impossible, rend inexplicable son action sur les organes, ainsi que sa réaction sur les êtres matériels qui les circonscrivent. C'est ce qui fait que la correspondance intime de ses sentimens et de ses facultés de connoître et de penser, avec les mouvemens et les modifications que subit notre corps, dans ses diverses périodes, ainsi que dans ses maladies, sera toujours le tombeau de nos recherches ; malgré la prétendue explication que Leibnitz a tâché de nous en donner, sous le nom d'*Harmonie préétablie*.

La seule partie de la philosophie rationnelle, qui me paroît présentée d'une manière claire et lumineuse, depuis que Locke et Condillac nous en ont donné le développement, est celle qui traite des facultés intellectuelles de l'ame. Ce ne seroit que sur les mêmes bases que je me serois permis d'en fournir ici l'analyse, que bien d'autres ont aussi donnée, si je ne m'étois pas principalement borné à cette partie de la philosophie rationnelle, qui a pour objet l'origine des choses.

LIVRE SECOND.

CHAPITRE II.

Seconde Réponse à un Ministre de Culte, sur quelques objections relatives à l'incréation des Ames ou Esprits.

Je regrette que ce Ministre du culte catholique, à qui j'ai précédemment répondu, sur diverses autres objections qu'il m'avoit faites, ne m'ait pas permis de faire connoître l'entière correspondance qu'il a suivie avec moi, sur la création en général. Elle ne pourroit que lui faire honneur, si son extrême modestie ne s'y étoit pas opposée, lorsque nous l'eumes terminée. On en pourra juger par ses objections

objections contre l'incréation de l'ame, que je me permettrai seulement d'extraire d'une de ses lettres, afin d'en joindre la discussion à ce que je viens de dire sur l'ame. C'est à quoi je me bornerai sur cet objet, qui me paroît en lui-même véritablement inaccessible à nos foibles lumières.

Il m'a reproché d'avoir gratuitement prétendu, que Dieu ne peut agir s'il ne trouve pas de sujet préexistant, sur lequel son action opère pour en former les corps, tandis que j'établis qu'il produit les esprits par la seule action de sa volonté, et il m'a demandé, *quelle différence j'y trouve, pour ne pas reconnoître que cette même action de la volonté Divine suffit aussi, pour produire la matière et ses modifications;* il m'a en outre objecté que, *si Dieu peut donner l'être sans sujet antérieur à des esprits intelligens, et que sans sujet préexistant il ne puisse pas le donner à des corps, précisément par cette raison qu'ils sont incapables d'intelligence,* on doit *croire qu'il lui a fallu deux ateliers pour ses ouvrages ; ce qui seroit ne se faire qu'une idée pitoyable de la toute-puissance infinie.* J'ai répondu qu'il n'auroit fallu à la toute-puissance Divine deux ateliers, que dans le cas où elle eut opéré la création de la matière, qui n'auroit eu aucun rapport, aucune analogie ni avec la production des mondes, ni avec celles de tous les phénomènes que nous voyons opérer dans la nature ; parce que ces productions ne sont que les diverses modifications d'une chose existante, au lieu que la création en auroit été l'extraction hors du néant, sur lequel nulle action ne peut s'opérer, nul effet résulter.

A cette considération j'ai joint celle, non moins puissante, que l'ame nous étant inconnue, ne nous laisse appercevoir d'elle que les facultés que nous trouvons en nous, que par conséquent on n'en peut rien induire sur sa prétendue création, ni rien conclure en faveur de celle de la matière. Mais quoiqu'à proprement parler, on ne puisse se former aucune idée distincte de l'ame, ni concevoir ce qu'elle est en soi, si cependant on veut porter un jugement sur son origine, analogiquement à celle de la matière, on ne pourra raisonnablement y parvenir, qu'en procédant du connu à l'inconnu, par induction des objets matériels qui, tombant sous les sens, sont incomparablement plus à notre portée, que ne peut l'être la notion de l'ame. C'est donc de la connoissance des objets sensibles, qu'on pourra tirer quelques conséquences d'un objet à l'autre, sans que toutefois on puisse en inférer autre chose si ce n'est que, comme il est déja prouvé et finira de l'être sous tous les rapports, que la matière ne peut avoir été créée ou tirée du néant, et qu'en le supposant ce seroit admettre toutes les idées contradictoires qui en résultent, de même notre ame ne peut non plus avoir été créée ou tirée du néant, sans impliquer contradiction. Ainsi en même-temps que mon honnête Critique, et tous les autres apologistes du système de la création, refusent d'avouer formellement, sans pouvoir le contredire, que par cette prétendue opération la matière auroit été tirée du néant, ils affirment par la plus étrange inconséquence, que les ames ou esprits en ont néanmoins été sortis, afin de pouvoir les opposer à l'incréation de la matière.

Cependant en procédant encore d'une manière contraire à la saine logique, qui veut qu'on ne marche dans la recherche de la vérité que du connu à l'inconnu, le même critique continue ainsi, en faisant même intervenir à son secours la volonté Divine : *S'il plait à DIEU de créer des corps, sa souveraine puissance, et le fait même de son action lui suffisent pour la matière,* COMME POUR LES ESPRITS. *Il ne faut pas demander si* DIEU *a voulu donner l'être aux quatre élémens et à toutes leurs combinaisons. Les corps sont si inférieurs aux esprits que,* QUE

POTEST MAJUS, POTEST MINUS IN EODEM. J'ai dit à cela que l'existence actuelle de la matière, qui compose les corps, suppose beaucoup moins sa création, qu'elle ne prouve sa préexistence de tous les temps, que tout concourt d'ailleurs à démontrer ; qu'il sera toujours essentiel de demander la preuve, mais impossible à fournir, que Dieu a voulu donner l'être à la matière, avant d'en admettre l'inexistence d'abord et ensuite la création : car autrement ce sera sans cesse supposer ce qui est question. J'ai ajouté que la maxime *qui potest majus, potest minus*, n'est pas applicable à l'imposibilité de la création ; parce que toutes les choses grandes ou petites, difficultueuses ou aisées, qui ne sont impossibles ni contradictoires, sont également faciles à la toute-puissance de Dieu.

A la preuve incontestée et, ce me semble, incontestable que j'ai produite, page 27 et suivantes, de l'éternité de la matière, établie sur ce que Dieu ne pourroit l'avoir créée, qu'autant que lui-même en devroit être l'anihilateur, et par conséquent le destructeur de toutes les merveilles qu'il a opérées dans l'Univers, on m'objecte que *les intelligences bornées ne sont pas éternelles, et que pourtant elles existeront toujours*. On auroit dû observer que c'est cela même qui prouve que les ames ou intelligences bornées ne sont pas une création ; parce que rien n'empêche que leur existence future, ne soit déterminée par le juste retour que Dieu doit aux ames vertueuses, et bien souvent persécutées, bien souvent malheureuses dans cette vie. Mon contradicteur a cru encore pouvoir en éluder la difficulté, en m'alléguant ce que beaucoup de philosophes n'ont cessé de répéter depuis Descartes ; savoir, que *la conservation des êtres bornés et contingens, esprits ou corps, est une création continuée, et qu'il ne faut pas plus à l'action de Dieu pour l'une que pour l'autre, en ce qu'elles sont un seul et même acte du Tout-Puissant*.

Quand on n'auroit pas déja vu, que la création présente trop de contradiction, pour qu'elle puisse être attribuée à Dieu, la conservation des êtres bornés et contingens, ne seroit pas plus une création continuée, sans laquelle leur anihilation s'effectueroit indispensablement, que le maintient des modifications que Dieu, et quelquefois nous-mêmes, avons opérées sur les corps les plus denses et les plus durs, ne sont des formations successives, qui n'étant pas continuées les feroient proprement tomber dans la plus complète dissolution. Au reste ces vaines hypothèses n'étant plus soutenables, non plus que la création, il doit rester pour constant que Dieu, par sa toute-puissance, a opéré sur la matière inerte et passive, une si solide et parfaite production de toutes les parties de l'Univers, qu'elles peuvent et doivent durer éternellement, et il est également certain, qu'elles ne pourroient jamais tomber dans la totale décomposition où elles étoient originellement, que par les puissans efforts de la toute-puissance qui les a formées ; comme il seroit absurde que pour maintenir l'Univers dans cet état de solidité et de perfection, qui lui est devenu naturel, il fallut constamment, et à chaque instant de l'éternité future, la répétition des mêmes efforts de la toute-puissance, qui a établi cet état naturel et invariable de toutes choses.

Le même Ministre de culte m'a encore objecté, que *mon systéme ne ferme pas la bouche aux incrédules, en attribuant les maux que le monde souffre, uniquement aux défauts et aux vices de la matière, et à son union avec les ames ; car ils ont toujours à demander : pourquoi* Dieu *si bon, si sage, a fourni les combinaisons de la matière, et les a unies à des intelligences, d'où il résulte des maux sans fin.* Je ne m'arrêterai pas à l'incongruité des maux sans fin, qu'on ne peut admettre, sous un Dieu parfaitement juste et bienfaisant. J'observerai que j'avois déja relevé l'objecion l'objetion dont il s'agit, en discutant l'article Simonide sur Dieu du dictionnaire critique de Bayle *. Il me semble que la réponse que j'y ai faite, satisfaisant à cette difficulté proposée, sur l'union de l'ame avec le corps, n'a pu que fermer la bouche aux incrédules en Dieu, qui en argumentoient pour inculper sa bonté et toutes ses autres perfections infinies : car cette réponse est fondée sur la plus grande probabilité des choses, dans l'ignorance où nous sommes sur une multitude de causes finales, qu'une plus grande étude de la nature nous fera mieux connoître, et dans notre impossibilité de pénétrer les voies et les desseins secrets de la Divinité. J'ai ajouté à cette première considération celle également prépondérante, que si Dieu avoit créé la matière, ce seroit véritablement alors qu'il auroit été responsable des moin-

---

* Voyez ci-avant, page 67.

dres maux qui seroient résultés des défauts de cette création ; mais que les vices inhérens à cette substance incréée lui étant étrangers, il étoit assez qu'il résultat de l'union de l'ame avec le corps, beaucoup plus de bien que de mal, pour devoir considérer cette opération, comme un acte de bienfaisance, même dans cette vie, en attendant celle qui mettra le comble à ses faveurs.

Comment dans ce systéme, m'a-t-il interpellé, *expliquerez-vous la chute des anges, purs esprits, qui ne sont pas unis à la matière ?* Pour répondre à cela, la raison est trop bornée et trop aveugle, il nous faut une autre lumière, et ce flambeau est la révélation, qui nous fait connoître que l'homme a fait un mauvais usage des bienfaits de l'Etre-Suprême et de sa bonté, en s'élevant contre son Dieu, et que les maux qui l'affligent, sont la juste punition de son désordre. Il faut bien que tous les hommes soient coupables de ce péché, puisqu'ils souffrent tous. Le péché originel très-caché dans sa cause, est manifeste à tous les yeux par ses funestes effets. Les hommes sont étonnés de la sévérité de la justice de Dieu, il y a en effet de quoi trembler jusqu'à la moelle des os à la vue de ses jugemens. On ne peut pourtant pas nier qu'il faut que justice se fasse. Il me paroît, ai-je répondu, que ce commentaire métaphorique et dénué de tout bon sens, loin de frapper contre la question de la pure formation du monde, ne contredit que la justice de Dieu, toute fondée sur sa suprême bonté. Mais ne redoutant que mes propres défauts, et les fautes qui me sont personnelles, sans avoir à me reprocher les forfaits d'autrui, je ne me chargerai certainement pas de concilier la théorie que j'ai établie, de la coéternité de la matière, avec l'explication qu'on me demande, soit sur la chute des anges, soit sur notre participation à la faute de notre premier Père; parce que je suis dans une aussi complète ignorance, sur la révolte prétendue des esprits infernaux contre l'Etre-Suprême, et sur la victoire que sa toute-puissance a remportée contre eux, que sur les conséquences morales qu'on veut gratuitement faire résulter contre nous, de ce qu'on appèle *péché originel*; conséquences que les Juifs n'ont jamais admises, ni reconnues dans les écrits de Moïse.

J'ai aussi répondu à l'aveu que ce Ministre de culte m'avoit auparavant fait, qu'*il n'ignoroit pas que la raison et bien plus encore l'orgueil se soulèvent contre cette doctrine*, que si en effet la raison se soulève contre la doctrine de cette faute du premier Homme, c'est principalement parce qu'elle ne peut y reconnoître celle du *péché originel*, qu'on suppose avoir souillé et corrompu notre ame, en alléguant que nous avons tous commis ce péché; que notre libre volonté s'est trouvée renfermée dans celle de notre premier Père, et dans l'infraction à la défense de manger du fruit prohibé. La saine raison ne sauroit non plus trouver dans cette infraction, ni dans la punition corporelle dont elle a été suivie, la cause de toutes les contrariétés humaines qu'on leur attribue, comme si tous les hommes ne devoient pas en être délivrés, selon ce même système, depuis la rédemption si douloureuse qui en a été faite. *Mais si l'homme*, ajoutoit-il, *est si difficile à expliquer avec le péché originel, il est encore plus incompréhensible sans lui, tant de grandeur et tant de bassesse, tant de désir de bonheur et tant de misère, qui se trouvent en lui, nous montrent que l'homme n'est plus dans l'état naturel de sa première destinée, et la révélation nous fait connoître que c'est par sa faute.*

L'état naturel de l'homme, et sa constante destinée dans cette courte vie, n'ont jamais consisté que dans l'union ou rapport incompréhensible des deux natures, ce nous semble, si incompatible de l'ame et du corps dont il est composé, et qui nous paroissent s'exclure mutuellement. La saine raison ne sauroit donc assigner d'autres véritable cause des inconséquences, ainsi que des contradictions qui se trouvent en lui, et qui nous le rendront toujours incompréhensible, comme je l'ai dévelopé dans la conclusion du précédant chapitre ; au lieu que le *péché originel*, qui est lui-même si contradictoire, pourroit d'autant moins en diminuer l'incompréhensibilité, que cette faute d'ADAM auroit été parfaitement lavée, et se trouveroit comme non-avenue, quand même nous aurions d'abord pu en supporter inconséquemment la souilleure. On ne peut donc en inférer, comme le fait mon honnête contradicteur, que *la sagesse et la bonté de* DIEU, *qui sont les grands chevaux de bataille des incrédules, ne doivent pas êtres opposées, aux yeux de la raison, à sa providence et à sa justice :* car cette même raison les opposera constamment les unes aux autres lorsque, par de fausses assertions qui les rendront toujours incompatibles entr'elles, on refusera de reconnoître pour des vérités incontestables, que DIEU n'a point créé la matière, qui sert passagèrement d'union à notre ame, et que cet être juste et bienfaisant n'est pas l'auteur des vices inhérens à cette substance incréée, ni par conséquent celui des maux physiques et moraux dont nous sommes accablés, ainsi qu'il en est inculpé, dans l'absurde croyance que la souilleure qui nous auroit été transmise, ne l'auroit été que pour nous punir, par les tourmens les plus effroyables, d'un crime que nous n'avons point commis.

Après m'avoir demandé, *ce que j'entends par les modifications de la matière, et si je connois assez ce que sont la matière, ses modifications et leurs différences pour dire : voilà une modification de la matière, voilà son fonds qui est éternel et inaltérable ?* Ce fidelle Pasteur ajoute : *Nous concevons les intelligences bornées dont nous faisons partie, et nous les distinguons de l'être infini et nécessaire. Concevons-nous aussi facilement les pures modifications de la matière, et les distinguons-nous du fonds même incréé et nécessaire de la matière ?*

C'est à quoi je vais tâcher de satisfaire d'une manière péremptoire.

Il m'a toujours paru certain que nous ne connoissons en eux-mêmes aucun de ces quatre objets, Dieu, l'ame, l'espace et la matière, quoique nous ignorons ce me semble incomparablement moins le dernier. En effet nous avons vu plus haut, que nous ne connoissons de l'ame que les facultés qui se manifestent en nous.

Cela ne nous empêche pas, sans doute, de distinguer l'ame de l'intelligence suprême, que nous ne connoissons spécialement non plus, que comme l'unique cause des innombrables phénomènes de la nature, qui supposent nécessairement dans leur éminent Auteur, toutes les perfections ou attributs actifs que nous lui reconnoissons.

A l'égard de l'espace que son infinité proprement dite, son impalpabilité et sa pénétrabilité, sa qualité de contenir et renfermer la matière, distinguent parfaitement de celle-ci, nous ignorons également

lement ce qu'est cette substance en elle-même; puisque nous ne la connoissons que par toutes ces mêmes qualités distinctives, qu'elle possède exclusivement, ainsi que par son inertie et par les trois propriétés de l'étendue, la longueur, la largeur et la profondeur; qu'elle a de commun avec la matière.

Pour ce qui concerne la substance matérielle, qui n'est que l'ensemble de ses élémens, dont il ne nous est pareillement pas donné de connoître complètement la nature intrinsèque, il nous suffit d'appercevoir en grande partie ce qu'elle a de contingent, par le grand nombre de diversités, de variations que nous remarquons dans ses composés, et par les changemens que nous y affectuons, pour juger que ce qui en forme les différences, accidens ou variétés, en sont les modifications, et que tout ce qui n'est ni contingent ni versatile en elle, tels que ses élémens passifs dans leur désunion primitive, doit appartenir en propre à la matière.

Delà paroît clairement résulter, que la matière étoit originellement informe, comme le dit Moïse ; que son essence, ou pour mieux dire, son état éternel d'inertie, n'a pu consister que dans ses élémens homogènes, étendus et impénétrables; (l'inétendue et la pénétrabilité n'ayant jamais rien pu constituer d'étendu et d'impénétrable;) mais les plus fixes et les plus imperceptibles aux sens : car ils ne peuvent en être les élémens que par leur fixité et leur indivisibilité; que c'est de cet état d'incohérence que l'Etre, seul essentiellement actif, a tiré la matière, pour lui donner toutes les formes, adhérences des parties, mouvemens et autres modifications hétérogènes que nous lui connoissons. C'est ce qui paroît clairement aussi rendre vaines et sans objet, toutes les discussions interminables sur la divisibilité à l'infini de la matière, que les philosophes n'ont cessé d'agiter, en n'en considérant que l'étendue; puisqu'étant bornée et n'ayant pas d'extention à l'infini, comme l'espace, elle ne peut avoir l'infinie divisibilité de celui-ci. Elle ne peut donc, dans sa divisibilité, être réduite qu'à ses élémens homogènes, qui sont inaltérables; quoiqu'encore n'appartiendroit-il qu'à Dieu de pouvoir la ramener à cet état primitif de division insensible, en lui ôtant toutes les modifications ou qualités secondaires dont il l'a revêtue à l'origine des choses, s'il pouvoit vouloir détruire son propre ouvrage; ce qu'on ne peut sensément supposer.

Nous avons donc, dans ce dévelopement, une base certaine pour bien distinguer spécifiquement dans la matière, les qualités primitives d'étendue, d'impénétrabilité, de division insensible, et d'homogenéité purement passives, qui lui sont inhérentes et essentielles, d'avec les modifications, mouvemens ou qualités hétérogènes et secondaires, qu'elle ne tient et ne peut tenir que de l'Etre seul essentiellement actif et tout-puissant; à quoi il faut ajouter aux élémens primitifs, la fixité qui leur est pareillement inhérente. Tout sert en outre à confirmer cette homogenéité primitive de la matière : tout achève d'établir ce que les saines idées de l'ordre et de l'analogie doivent constamment nous faire penser, que les quatre élémens improprement dits, étant dénués de toute fixité, proviennent d'un seul et même principe homogène, comme toutes les lois de la nature résultent, de gradation en gradation, d'une seule loi générale qui les produit toutes, et dont toutes les autres ne sont que les conséquences ou le dévelopement. Telle est probablement la loi générale de l'attraction, à laquelle pourroit peut-être le disputer, celle qui s'en approchant le plus, régit le fluide électrique, et qui paroissant par leur analogie dériver immédiatement l'une de l'autre, semblent participer à la même universalité.

Il n'est donc plus douteux que, les vrais élémens principes qui constituent

les corps, ne sauroient être ni terre, ni
air, ni eau, ni feu, qui en ont toujours
usurpé le nom, et qui n'ayant rien de
fixe, n'en sont que les modifications et
agrégats de formes et de qualités hétérogènes : car on les voit constamment
varier, et même se transformer entr'eux.
C'est ce qui a fait dire au plus célèbre
des naturalistes, en parlant de l'eau, et
après avoir rapporté toutes les autres trans-
formations connues de ces quatre mixtes * :
« Comme je suis très-persuadé que toute
« la matière est convertible, et que les
« quatre élémens peuvent se transformer,
« je suis porté à croire que l'eau peut se
« changer en air, à raison de leur pro-
« priétés communes, lorsqu'elle est assez
« raréfiée pour s'élever en vapeurs : car le
« ressort de la vapeur de l'eau est aussi, et

---

* Voyez dans l'histoire naturelle de Buffon, son introduction à l'histoire des mi-
néraux, page 100, de l'édition in-4'.

« même plus puissant que le ressort de
« l'air, ainsi qu'on le voit par le prodi-
« gieux effet de cette puissance dans les
« pompes à feu ».

LIVRE SECOND.

CHAPITRE III.

Examen des principes dont se sert Basnage dans son histoire des Juifs, pour prouver la Création.

Il seroit difficile d'expliquer pourquoi on oppose sans cesse la création aux athées, comme si elle pouvoit servir de preuve fondammentale à la toute-puissance Divine. C'est pourquoi je dois achever d'entrer dans quelques dévelopemens pour prévenir, s'il est possible, qu'on ne se serve plus d'un moyen si défavorable à la cause de Dieu, et si peu propre à renverser l'athéisme. Puisse-t-on n'y opposer désormais que des preuves dictées par le simple bon sens, que des preuves puisées dans le spectacle harmonieux des merveilles de l'Univers, mille fois plus propre à établir la puissance et la sagesse de son Auteur, que toutes les raisons captieuses dont on se sert pour étayer ce faux moyen ! C'est en voulant attribuer à cet Etre-Suprême des facultés contradictoires, telle entr'autres que celle de créer la matière, qu'on a ébranlé même l'idée de son existence, et qu'on s'est éloigné du but proposé, à force d'exagérer tout ce qu'on faisoit pour y parvenir.

En rapportant les opinions des anciens Cabalistes hébreux, qui existant déja vers l'époque de l'origine du Christianisme, avant ou peu de temps après la traduction des Septante, recusoient la création, Basnage attaque Spinosa, qui d'après lui-même étoit en cela leur moderne disciple, et il le combat par les raisonnemens dont je vais suivre la discussion.

On

On avoue, dit Basnage, liv. 4, chap. 7, page 150, *à Spinosa et à ses maîtres, qu'il est vrai que rien ne peut être fait de rien, et qu'il y a comme on parle, une opposition formelle et une distance infinie entre le néant et l'être, si on entend par-là ces trois choses. Premièrement que le néant et l'être subsistent en même-temps. En effet cela implique contradiction, aussi évidemment que de dire, qu'un homme est aveugle et qu'il y voit.* Puisque cet Auteur avoue, n'importe à qui, la vérité universelle que de rien on ne peut faire quelque chose, et que le néant et l'être ne peuvent subsister en même-temps, il faut dès ce premier abord, qu'on reconnoisse en cela l'impossibilité de la création ; parce que la matière n'étoit nécessairement pas, à l'instant où elle auroit commencé d'exister, et qu'alors étant et n'étant pas en même-temps, l'opposition formelle qui existe entre le néant et l'être auroit été nulle, que leur similitude auroit été parfaite ; et comme il affirme lui-même, avec raison, que cela implique contradiction, aussi évidemment que de dire qu'un aveugle y voit, il est impossible de soutenir la vérité de la création : car ce seroit vouloir reconnoître pour vraies, les mêmes choses qui impliquent contradiction. *Mais, continue-t-il, comme il n'est pas impossible qu'un aveugle cesse de l'être, et voie les objets qui lui étoient auparavant cachés, il n'est pas impossible aussi que ce qui n'existoit pas, acquière l'existence et devienne un être.* Je demanderai pourquoi, dans cette comparaison de la création à une opération chirurgicale, il n'est pas impossible qu'un aveugle cesse de l'être ? C'est sans doute, parce qu'opérant sur une matière existante, on peut enlever ou la cataracte, ou tous les autres obstacles qui empêchoient cet aveugle de voir la lumière ; au lieu qu'on n'auroit pu dans l'autre cas opérer que sur le néant, pour donner l'existence à la matière, et pour faire qu'elle fut au même instant où elle n'étoit pas ; ce que cet Auteur a jugé lui-même impossible.

Secondement, dit-il, *il est vrai que le néant ne peut concourrir, ni être la cause de l'être.* Il est pourtant évident que cette impossibilité, dont le même Auteur convient aussi, auroit eu lieu; puisque si la matière n'avoit pas éternellement existé, Dieu n'auroit pu la créer, ainsi que je l'ai prouvé, sans l'avoir tirée du néant, ni ne pourroit avoir été la cause première de son existence, sans que le néant n'en eut été la cause seconde, et n'y eut concourru; ce que cet Auteur juge encore impossible. *Il semble*, ajoute-t-il, *qu'on regarde le néant comme un sujet sur lequel Dieu travaille, à peu près comme la boue dont Dieu se servit pour créer l'homme, et comme ce sujet n'existe point, puisque c'est le néant, on a raison de dire que Dieu n'a pu rien tirer du néant.* J'observerai d'abord, que comme ce n'est pas une création, d'avoir tiré ou formé l'homme du limon de la terre, il ne falloit pas ici transformer en création, la production ou formation de cet être, pour raisonner juste et ne pas confondre deux opérations aussi dissemblables, si au mépris de la toute-puissance de Dieu, dont on n'a pas cessé de compromettre la cause en soutenant la création, on ne prétendoit pas avec persévérance, assimiler et confondre la réalité si authentique de la formation qu'il a faite de l'Univers, avec sa chimérique extraction hors du néant. Je dirai en second lieu, qu'on ne peut effectivement pas s'empêcher de regarder le néant, comme le sujet sur lequel Dieu auroit opéré la création, si rien n'eut été de tous les temps préexistant; puisque nulle chose n'auroit alors existé, qu'il eut été impossible de trouver d'autre sujet que le néant, sur lequel Dieu auroit pu exercer sa toute-puissance, et que cela seul prouve encore invinciblement, la fausseté de toute création proprement dite.

Il seroit ridicule, continue Basnage, *de dire que Dieu tire la lumière des ténèbres, si on entend par-là que les ténèbres produisent la lumière; mais rien n'empêche que le jour ne succède à la nuit, et qu'une puissance infinie produise des créatures, et donne l'être à ce qui ne l'avoit pas auparavant.* Comme en effet rien n'empêche spécialement que le jour ne succède à la nuit, rien n'empêche non plus qu'une puissance infinie ne puisse *produire* ce qu'il appèle improprement des créatures; action réelle qu'on met toujours en avant, comme si elle étoit la création même qu'on voudroit prouver, et avec laquelle on affecte sans cesse de la confondre; mais encore une fois, ce ne sont pas là des créatures que Dieu auroit tirées du néant; car il n'auroit fait, ni pu faire que les *produire*, en leur donnant l'existence, vulgairement parlant, quoiqu'elles l'eussent matériellement, dans le sujet sur lequel cette production auroit été effectuée.

Le néant, reprend-il, n'a été ni le sujet, ni la matière, ni l'instrument, ni la cause des êtres que Dieu *a produits.* J'observerai que ce n'est que par la raison, que Dieu n'a effectivement fait que *produire* ces êtres, tirés de la matière éternellement préexistante à la formation du monde, que le néant n'a pu être le sujet, ni la matière, ni la cause de leur production, et que c'est par cela même, que Dieu n'a pu rien tirer du néant, qu'il n'a pu créer ces mêmes êtres. Fondé sur ces motifs, l'Auteur poursuit judicieusement ainsi : *il me semble que cette remarque est inutile ; parce que personne ne regarde le néant comme un fonds sur lequel* Dieu *ait travaillé, ou qui ait coopéré avec lui...* Dieu *ne commande point au néant, comme à un esclave qui est obligé d'agir et de plier sous ses ordres.* Mais il n'a pas raison d'ajouter, que *comme* Dieu *a pu produire la lumière qui dissipe les ténèbres, et ressusciter un corps, de même* Dieu *a pu aussi créer des êtres qui n'existoient point auparavant, et anéantir le néant, ou du moins le diminuer, en produisant un grand nombre de créatures ;* parce que cette conclusion, contradictoire à ce qu'il venoit de dire, implique aussi contradiction en elles-même, que le néant n'est rien, pour pouvoir être anéanti, et que malgré toutes ses dénégations à ce même sujet, il prend ici le néant pour une réalité, sur laquelle Dieu auroit pu agir, pour le diminuer, l'anéantir même, et substituer à la place un grand nombre de créatures, qu'il auroit, dit-il, *produites*. Aussi l'Auteur convient lui-même, que *comme la mort ne concourt point à la résurrection, et les ténèbres ne sont point le sujet sur lequel Dieu travaille pour en tirer la lumière, le néant ne coopère point avec Dieu et n'est point la cause de l'être, ni le canevas sur lequel Dieu a agi pour en produire un grand nombre.* Ces dernières observations de Basnage sont fondées ; mais pourquoi le sont elles ? C'est uniquement parce que Dieu n'a pas créé la matière, et qu'il n'a eu par conséquent aucun besoin d'agir sur le néant, pour créer ce qui préexistoit.

Troisièmement enfin, dit-il encore, *il*

est vrai que *rien ne se fait de rien, ou par rien* ; c'est-à-dire, sans une cause qui préexiste. Il seroit, par exemple, impossible que le monde se fut fait de lui-même. Il falloit une cause infiniment puissante pour le produire. L'axiome *rien ne se fait de rien* est donc véritable dans ce sens. En suivant l'exemple de touts les autres apologistes de la création, Basnage ne multiplie les différentes significations ou interprétations dont ils surchargent l'axiome, que *rien* ne se fait de rien ou *ne se tire du néant*, que pour éluder ce seul sens propre et véritable, qu'ils esquivent adroitement, quoique uniquement applicable à la création, qui n'est elle-même que *l'extraction des choses hors du néant*. Mais comme cet Auteur ne fait cependant l'application de sa troisième signification de l'axiome, qu'à la formation du monde que rien ne sauroit contredire, je n'ai pas besoin de m'y arrêter.

Mais on demande, reprend ensuite Basnage, *si Dieu dont la puissance est infinie*,

infinie, *ne peut agir indépendamment de la matière, et donner l'être à ce qui n'étoit pas auparavant, il faut décider que* Dieu *ne peut pas commander à la matière qu'elle soit. S'il ne le peut pas, sa puissance est bornée ; ou bien il faut dire que l'existence de la matière, par un acte de la puissance de* Dieu *, implique contradiction.* C'est cette même contradiction que j'ai prouvée, sans que, sous aucun rapport, cela puisse borner en rien la toute-puissance de Dieu ; car il est généralement admis et reconnu, que rien ne peut émaner de lui qui implique contradiction.

J'ajouterai à cela une autre raison prépondérante, c'est que ce ne pouvoit être que la création, qui auroit seule mis des bornes à la toute-puissance, et qui plus est à la suprême bonté de Dieu ; puisqu'il n'auroit pu les étendre, jusqu'à réformer les imperfections et les vices dont la matière est notoirement chargée, et la forte preuve de cette impossibilité, c'est qu'il ne la pas fait ; pendant que tout ce qui implique contradiction, ne pouvant lui être imputé, le défaut de création ne sauroit limiter en rien sa toute-puissance infinie.

Mais comment cette existence de la matière, produite par la puissance de Dieu, *implique-t-elle contradiction ? Et comment cette même existence de la matière qui existe de toute éternité, c'est-à-dire, qui s'est produite elle-même, et qui par conséquent s'est tirée du néant, n'implique-t-elle point contradiction ?* Je réponds que c'est par la raison bien simple, que la matière existant, ainsi que Dieu de toute éternité, suivant la réalité comme suivant la supposition qu'en fait cet Auteur, ni l'une ni l'autre de ces deux substances n'a eu besoin de se produire elle-même, encore moins de se créer; qu'il faut déja exister avant de pouvoir se donner l'existence, et que ce seroit le comble de l'absurdité de penser qu'elles l'eussent fait.

Laissons-là, dit Basnage, *les idées du néant, et la maxime rien ne se fait de rien qui embarrassent*. J'y consens avec plaisir, puisqu'elles embarrassent sa cause, et qu'elles ont si fort raison de l'embarrasser, *Réduisons-là à son véritable sens, et demandons si le monde a été fait d'une matière préexistante, ou s'il a été fait sans matière; car c'est là ce que signifient ces paroles, le monde a été fait de rien, l'Univers est sorti du néant.* J'admets avec le même plaisir cette réduction, ainsi que je l'ai fait et le ferai toujours de toutes autres, sous quelques aspects qu'il plaise aux mêmes sectateurs d'envisager la question; et l'on a vu, comme on verra constamment, s'ils ont lieu d'en être moins embarrassés, ou s'ils ne tomberont pas également, en la soutenant, d'absurdités en contradictions, et de contradictions en absurdités. Mais comme je n'ai pas voulu, ni ne veux qu'on puisse me reprocher, d'avoir passé sous silence aucune de leurs principales raisons, sous tous les rapports dans lesquels ils les ont si souvent répétées, et se sont la plupart répétés entr'eux, j'ai dû les suivre dans tous leurs détours, pour mieux constater les grands principes qu'ils ont contredits; ce qui m'a forcé moi-même à des répétitions qui trouveront, sans doute, leur excuse dans le poids des vérités irréfragables, qu'on s'est fait un jeu de méconnoître, et dont l'importance est cependant telle, qu'on ne sauroit trop les éclaircir, ni assez les approfondir.

En effet, continue Basnage, *on n'entend pas que le rien et le néant fussent le sujet, ou le lieu d'où* DIEU *tiroit l'univers; mais seulement, qu'il n'y avoit rien avant que la matière eut été formée. Je soutiens qu'il est plus difficile de concevoir qu'il y avoit une matière éternelle qui s'est faite elle-même, foible, imparfaite, comme nous la voyons, que de concevoir que* DIEU *par sa puissance infinie ait fait la matière, qui n'existoit pas encore. La raison de cela est évidente; c'est que la plus grande de toutes les perfections, étant celle de se donner l'être, ou d'exister de toute éternité, je ne puis concevoir que la matière première*, *vile, informe, corruptible, ait possédé cette perfection, ni qu'elle se soit tirée du néant, sans aucune cause préexistante; du moins je comprends plus aisément qu'elle a commencé à exister, lorsque* Dieu *l'a voulu.* Rien n'est pourtant plus aisé à saisir, que la première proposition de la préexistence de la matière, ni plus impossible à concevoir que la dernière, qui a pour objet la création; parce qu'encore une fois, la matière éternelle, quelque imparfaite et vicieuse qu'elle fut, ou qu'on veuille même la supposer, n'avoit nul besoin de s'être faite elle-même, lorsqu'elle existoit déja de tous les temps. J'ai au surplus prouvé, que Dieu ne pouvoit créer cette matière, supposée inexistante, sans l'avoir tirée du néant, que cela impliquoit contradiction, que Dieu, avec sa toute-puissance infinie, ne peut jamais rien faire qui implique contradiction, qu'enfin les défectuosités et les vices nombreux de la matière, ne pouvoient s'attribuer qu'à elle-même, et non à la providence Divine.

qu'ils dégraderoient, à l'Auteur de toutes les perfections, source inépuisable de tous les biens, et dont tout ce qui en émane est souverainement accompli. J'ai en même-temps démontré que Dieu n'a fait que modifier et organiser cette matière première, dont il a fabriqué l'Univers, sans l'avoir créée, et qu'il n'a pu par conséquent être l'auteur des imperfections et des vices, qui existent en elle de toute éternité.

Je ne puis concevoir, dit encore Basnage, *que mon ame soit de toute éternité la même. Cependant il faut avouer que* Dieu *lui a donné une existence qu'elle n'avoit pas auparavant, ou bien qu'elle existe de toute éternité par elle-même. Il n'y a pas moins de difficulté à produire une ame raisonnable d'une substance qui n'existoit point, qu'à produire un corps sans une matière qui ait préexisté.* La différence entre ces deux opérations est cependant extrême ; car rien n'empêche qu'on ne conçoive, sans nulle contradiction, que Dieu ait émané dans l'homme, comme je l'ai dit, les facultés intellectuelles que nous trouvons résider en nous, et on ne peut concevoir de même que la matière première, dont le corps humain et l'Univers ont été faits, soit émanée de Dieu, sans l'imaginer matériel ; ce qui n'implique pas moins contradiction, que s'il l'avoit tirée du néant. *Je sais que je pense ; je sais aussi que la matière ne peut produire la pensée. Vouloir que la matière ait ce pouvoir, c'est lui donner la faculté de produire une chose qui est beaucoup plus parfaite qu'elle, et en même-temps qu'on refuse à Dieu le pouvoir de créer ce qui n'existoit pas, on attribue à la matière le pouvoir de produire des pensées qui sont au-dessus d'elle.*

Ce sera toujours grâce à Dieu, un argument que tous les apologistes de la création, à qui je conteste à bon droit la qualité d'être de solides défenseurs de la Divinité, pourront moins me rétorquer, qu'à qui ce puisse être : car je dirai toujours, qu'on a véritablement autant de tort, d'une part, de vouloir déférer à la matière la faculté de produire la pensée, qu'ils l'ont eux-mêmes, d'autre part, de vouloir attribuer à Dieu la création de la matière, et de compromettre sa cause, pour soutenir cette fausse idée de la création, en ne se bornant pas, à mettre en évidence l'existence et la toute-puissance de l'Etre-Suprême ; ce qu'on ne peut nécessairement faire, qu'en opposant aux athées, contre qui ils combattent à faux, les preuves si notoires de l'emploi qu'il en a fait à former l'Univers, mais nullement à le créer, ainsi qu'en vain ils s'efforcent tous de le faire, par le constant usage des plus débiles raisons. C'est ce qui donne en cela un si grand avantage sur eux, aux impies détracteurs de ce suprême Auteur et Administrateur de la nature entière, qu'on ne doit plus considérer la création, que sous des aspects aussi défavorables que dangéreux. *Si les pensées infiniment plus nobles et plus excellentes que les atomes, ou qu'une masse pesante,*

pesante, ne sortent point de la matière, et si l'intelligence n'est point l'effet d'une substance corporelle, il faut que Dieu produise les pensées, ou l'ame qui les enfante, et qu'une chose qui n'existoit pas auparavant commence d'être. Qu'on nous dise, pourquoi Dieu n'aura pas le même pouvoir de créer la matière, que de produire les ames ? Je réponds que c'est parce que l'un seroit une création, dont tout prouve l'impossibilité, pendant que l'autre formant une production véritablement divine, est la transmission des facultés intellectuelles, que Dieu a faite en nous; mais qu'il n'a surement pas effectuée sur le néant.

Enfin, dit cet Auteur, *je connois mieux la nature de la matière qui est sensible et bornée, que je ne connois l'étendue de la puissance de* Dieu, *qui est un esprit infini. Pressé des deux difficultés qui naissent de la création, je me jéterai plutôt du côté de la toute-puissance de* Dieu, *dont les effets journaliers et incontestables surpassent de bien loin ma raison;* (moi aussi vraiment, quoique je ne sois pressé d'aucune de ces difficultés, dans l'éternelle existence ou incréation de la matière, je me jéterois cependant, plutôt que de tout autre, du côté de la toute-puissance infinie de Dieu, si elle pouvoit en être bornée, et si on pouvoit admettre en lui rien qui implique contradiction, ainsi que l'auroit fait la création, si elle n'étoit pas sans réalité et purement chimérique :) *et je concevrai plus aisément qu'elle a pu produire une matière qui n'existoit pas, que de croire*, répète-t-il, *que la matière s'est créée elle-même, ou qu'elle est un principe subsistant de toute éternité*. Je ne trouve pourtant rien, dans cette dernière difficulté, qui puisse *presser* cet Auteur en quoi que ce soit, comme le fait si puissamment la création de la matière ; parce qu'en qualité d'êtres éternellement subsistans, il est tout aussi contradictoire, que Dieu se soit créé lui-même, que si la matière s'étoit créée aussi, et que je n'ai précédemment discontinué de prouver, que loin que son éternité portât aucune atteinte à la toute-puissance de Dieu, c'auroit été sa création, qui eut impliqué contradiction avec l'essence et les suprêmes attributs de la Divinité.

Cet Auteur n'insiste pas *sur les explications qu'on donne*, dit-il, *de l'opération de Dieu, par l'exemple de celles des créatures, et des différentes modifications dont elles sont susceptibles.* C'est ce que raisonnablement il ne pouvoit faire, lorsque sur la foi de quelques philosophes qu'il mentionne, il qualifie faussement de création, les formations ou modifications que les hommes opèrent sur les êtres corporels. *Mais sans presser trop ces principes*, en infère néanmoins Basnage, *on peut conclure que si la créature, ou Dieu, produisent des effets incontestables et sensibles, sans qu'on puisse concevoir la manière dont ils le font... Dieu a pu donner à la matière l'existence qu'elle n'avoit pas.* La fausseté de cette conclusion de Basnage paroît bien claire; car les effets, quoique produits d'une manière inconcevable, par Dieu ou par les êtres animés qu'il a formés sont, comme il le dit fort bien, incontestables et sensibles; puisqu'ils sont opérés sur les objets qui frappent nos sens; tandis que la création de la matière première de l'Univers, est aussi pu fondée qu'elle est chimérique, et qu'encore une fois, ces productions n'impliquent pas contradiction, ainsi que le feroit essentiellement toute extraction de la matière hors du néant.

Il est aussi quelques autres Auteurs, qui ont incidemment soutenu la création; mais comme ils ne l'ont fait que sur les mêmes bases, et presque toutes les mêmes raisons, que j'ai réfutées plusieurs fois sous tous les rapports où elles m'ont été présentées, je ne pourrois que me répéter encore, ainsi que je ne l'ai quelquefois fait, que pour convaincre les plus persévérans apologistes de la création, si généralement adoptée, et à raison de la prétendue importance des objets constamment reproduits; ou bien je ne pourrois que renvoyer sans cesse aux mêmes réponses que j'y ai faites, si je ne passois outre, pour m'arrêter à l'examen des principes et des raisonnemens qu'en fournissent encore les deux philosophes Formey et Bayle, qui ont le plus fortement débattu cette question et qui à tous égards méritent une entière préférence, sur les Auteurs dont je parle; ce qui me donnera l'occasion, avant de terminer avec ce dernier philosophe, de discuter une foule d'autres questions, les plus essentielles de la philosophie rationnelle, indépendamment de celles que j'ai déja pesées dans les chapitres précédens.

LIVRE SECOND.

CHAPITRE IV.

Examen de l'article Création de l'Encyclopédie, rédigé par Formey, ancien Secrétaire perpétuel de l'Académie des Sciences de Berlin.

Plus on embarrasse le systême de la création, par d'innombrables distinctions et faux fuyans, par lesquels on croit pouvoir lever les nombreuses contradictions que présente ce systême, plus j'ai dû être simple et clair, dans la réfutation que j'en ai faite. Mais quoiqu'il soit généralement vrai, que ce n'est que par la considération des rapports que les objets réels ont entr'eux, qu'on en acquiert la pleine connoissance, bien plus incomparablement, qu'en les considérant isolément, il n'en est pas de même des actions, qui n'ont d'autre fondement, que dans le délire de l'imagination, telle que la création, qui n'a rien d'analogue à l'ordre des choses établi, ni aux actes que Dieu et encore moins les hommes effectuent notoirement dans la nature. C'est pourquoi plus on en multiplie les paralèles avec ces actes effectifs, pour nous donner une idée de cette chimérique extraction de toutes choses opérée sur le néant, moins je me permets d'en faire, dans la discussion de son examen ; parce qu'encore un coup, la prétendu création ne sauroit être le rapport de quoique ce puisse être de réel, ni avoir aucun objet quelconque d'analogie, comme on a déja dû bien souvent le reconnoître, par ce que j'en ai rapporté : et je vais encore avoir de nouvelles occasions de faire observer, que les comparaisons qu'on en fait si fréquemment, avec les formations, productions, ou autres modifications de la matière, tombent toutes à faux.

En réunissant, dans ce long article du dictionnaire de l'Encyclopédie, toutes les notions que ses prédécesseurs avoient tâché de se faire de la création, le philosophe Formey paroît avoir composé un corps complet de ce système, comme je l'ai énoncé. Il y débute par dire, page 438 de l'édition in-folio : *Nous ne craindrons point d'avancer sur la foi de leurs ouvrages, que tous les philosophes anciens ont cru que la matière première avoit été de toute éternité. Cela paroît en ce qu'ils n'avoient aucun terme dans leur langue, ni aucune façon de parler, qui exprimassent la création et l'anéantissement. Y a-t-il un seul physicien, demande Cicéron, qui saisisse, qui conçoive ce que c'est que créer, qu'anéantir ?* (Cet Académicien auroit dû avouer qu'il n'a pu lui-même s'en former aucune idée, malgré les grands progrès

grès qu'ont fait toutes les sciences, qu'il avoit soigneusement cultivées). *L'éternité de la matière*, continue-t-il, *leur servoit à sauver la bonté de* DIEU *aux dépens de sa puissance, et à expliquer d'une manière en apparence moins révoltante, l'origine du mal moral et du mal physique.* On doit reconnoître qu'il est même beaucoup moins question de l'apparence que de la réalité : car l'éternité de la matière, est indubitablement la seule et véritable source, à quoi on puisse attribuer l'origine de tous les maux physiques et moraux, qui désolent l'humanité, sans dégrader le principe de tous les biens, qui est DIEU, et à qui il est souverainement contradictoire d'imputer tous ces maux, qui ne proviennent que des vices et imperfections de la matière incréée, dont il ne peut être l'Auteur. Mais loin que cet avilissement de la Divinité résultant de la création, soit la suite nécessaire de sa toute-puissance, j'ai mis en évidence dans ma *Dissertation sur l'origine du monde*, que la création ne fut-elle pas aussi contradictoire qu'impossible en elle-même, n'auroit pas moins été incompatible, avec l'essence et les attributs de cet Etre tout-puissant.

« Peut-on croire (poursuit Formey, « d'après Platon) que ce qui est mau- « vais et déréglé soit l'ouvrage de Dieu ? « N'est-il pas le principe et la source de « toute vertu, tant en lui-même que hors « de lui ? S'il avoit trouvé plus de docilité « dans la terre, plus de disposition à l'or- « dre, sans doute qu'il l'auroit remplie de « toutes sortes de biens. Tel est en effet son « caractère, à moins qu'il ne trouve des « obstacles invincibles ». *Ils étoient* (tous les philosophes anciens) *persuadés en général, que si* Dieu *avoit tiré la matière du néant, il l'auroit aisément pliée à sa volonté, au lieu de trouver en elle un sujet rébelle. Il avoit fait cependant, disoient-ils, pour mettre l'ordre dans le monde, tout ce qui pouvoit dépendre de sa sagesse; mais elle se trouva trop contrariée, et ne peut empêcher cet amas de désordres qui inondent l'Univers* et de misères et de disgrâces, auxquels les hommes sont assujettis.

C'est sur quoi je n'ai rien à dire, puisque Formey en le rapportant, n'a eu rien à y répondre. *L'histoire de la création du monde*, reprend-il, *étant la base de la loi de Moïse, et en même-temps le sceau de sa mission, il est naturel de croire que ce dogme étoit universellement reçu parmi les Juifs.* (J'ai incontestablement prouvé dans ma *Dissertation*, chap. Ier., du premier livre, que ce n'étoit que la seule formation du monde, et non sa création, qui avoit été établie par Moïse, comme la base de sa loi, comme le sceau de sa mission, et qui avoit été généralement reçue parmi les Juifs, jusqu'à leur dernière dispersion, de la Judée ; qu'ayant ensuite, parmi les autres peuples, perdu leur langue maternelle, dans laquelle Moïse leur avoit donné sa loi, ce nouveau dogme leur avoit été successivement inculqué, par la fausse interprétation d'un mot, qui de l'hébreu avoit été mal traduit dans les autres langues, qui seules leur étoient devenues familières.) *On regardoit même comme des hérétiques, comme des gens indignes de vivre dans le sein d'Israël, tous ceux qui disoient que la matière est de niveau avec l'Etre souverain, qu'elle ne tient point de lui son existence.* Cela n'a pu très-imparfaitement avoir lieu, que depuis cette dernière dispersion des Juifs, et encore parmi eux, les Cabalistes qui recusoient la nouvelle croyance de la création, n'étoient-ils pas plus mésestimés pour cela des autres Juifs.

Quoique tous les philosophes modernes, dit cet Académicien, page 439, *soient persuadés de la vérité de la création, il y en a cependant quelques-uns qui regardent la question, si* DIEU *a fait le monde de rien, ou s'il y a employé une matière qui existoit éternellement, plutôt comme une question philosophique, que comme une question de religion. Ils soutiennent que la révélation ne s'est point exprimée là-dessus d'une manière positive. C'est le sentiment* de deux Auteurs Anglais, dont l'un est Thomas Burnet et l'autre Guillaume Wiston. Ils ont avancé que le premier chapitre de la Genèse ne contenoit que l'histoire de la formation de la terre. J'ai fait beaucoup plus que tout cela; car dans ma *Dissertation* on trouvera, sans doute, que j'ai fourni toutes les preuves requises, de ce que ces deux Auteurs Anglois n'avoient fait que présumer. J'y ai mis en évidence, par le rapport de tous les textes hébreux de la narration de Moïse, que la révélation s'est formellement exprimée sur ce sujet, qu'elle réprouve la fausse interprétation de toute espèce de création, et qu'elle ne renferme que le seul narré de la formation du monde, dont on n'a pu douter, que sur la foi de cette interprétation erronée.

On peut ramener, dit encore Formey, page 440, *tous les anciens philosophes à trois classes différentes; les uns croyoient que la règle et la disposition que nous admirons aujourd'hui, avoient été produites et formées par une première cause intelligente, qu'ils faisoient coéternelle avec la matière.* (Tel est le seul sentiment que j'ai prouvé être raisonnable et fondé sous tous les rapports). *Les autres pensoient que le hasard et le concours fortuit des atomes, avoient été les premiers ouvriers qui eussent donné l'ordre à l'Univers. Il y en a eu enfin plusieurs qui ont soutenu que le monde, tel que nous le voyons, étoit éternel... Mais d'un autre côté quand on pense qu'il falloit que la raison atteignit jusqu'à la création, on ne peut que plaindre l'esprit humain de le voir occupé à un travail si fort au-dessus de ses forces, il étoit dans un détroit plein d'abîmes et de précipices.* (On pourroit dire que l'esprit de l'Auteur de cet article, est précisément dans le cas qu'on doit pleindre, et dans les abîmes et précipices dont il parle, en voulant de même *atteindre jusqu'à la création ;* mais ce ne peut jamais être la première classe des philosophes anciens qu'il vient de citer, et qui n'avoient sagement admis que la formation du monde, effectuée par une première cause intelligente). *Car, poursuit-il, ne connoissant pas de puissance assez grande pour créer la matière de l'Univers, il falloit nécessairement dire, ou que le monde étoit de toute éternité, ou que la matière étant en mouvement, l'avoit produit par hasard. Il n'y a point de milieu, il falloit prendre son parti, et choisir l'une ou l'autre de ces deux extrémités.* Ces deux extrêmités que Formey prétend être les uniques partis à prendre, pour ceux qui n'atteignoient pas jusqu'à la création, sont toutes les deux aussi contradictoires que la création elle-même ; mais la formation de l'Univers, faite de la matière incréée par une cause intelligente, qu'avoient déja admis, de son aveu, la première classe de ces philosophes, étoit le sage milieu que Formey écarte maladroitement de ces deux alternatives ; puisque cette formation de l'Univers est le seul sentiment que la raison commande, et que la propre révélation prescrive.

Après avoir fait envisager le pouvoir et la supériorité de l'esprit sur notre corps, le philosophe Formey entrant en raisonnement, ajoute, page 442 : *si donc ma volonté peut produire un mouvement dans mon corps, il n'est pas impossible qu'une volonté en produise ailleurs ; car mon corps n'est pas d'une autre espèce que les autres, pour donner lui-même plus de prise sur lui à ma volonté qu'un autre corps ; il n'est donc pas impossible qu'il y ait une esprit qui agisse par sa volonté sur l'Univers, et qu'il y produise des mouvemens.* (Voilà qui est exact et qu'on peut évidemment conclure ; parce que cet Esprit suprême étant le seul être essentiellement actif et intelligent en soi, le mouvement et toutes les autres modifications de la matière, n'ont pu partir que de lui, et que ce ne peut être que lui qui a tout fait, tout produit et tout organisé dans la nature, en exerçant sa toute-puissance sur la matière universelle.)

selle). *Or si cet esprit a un pouvoir infini, rien n'empêche de concevoir qu'il ait pu créer la matière, par sa toute-puissance infinie, qui est sa volonté...* Afin de concevoir cette création, et de pouvoir l'attribuer à Dieu, il seroit du moins nécessaire que la conception en fut distincte et intelligible, il faudroit que l'opération de créer la matière, ne fut ni impossible, ni absurde, ni contradictoire en elle-même, ni incompatible avec l'essence et les attributs de la Divinité, et quelle fût clairement fondée sur la nature, ou même sur la révélation ; mais j'ai exactement prouvé le contraire de tout cela.

De plus, ajoute-t-il, *nous connoissons et nous sentons que notre volonté produit chez nous des déterminations, des mouvemens qui n'étoient pas auparavant et qu'elle tire, pour ainsi dire, du néant.* Pour ainsi dire, tant que ce philosophe voudra, en parlant aussi inexactement qu'il le sentoit lui-même ; mais en réalité rien n'est plus opposé à l'idée qu'on voudroit se former de la création de la substance corporelle. *De sorte*, dit-il, *que tirer le mouvement du néant, ou en tirer la matière, c'est une même espèce d'opération, qui demande seulement une volonté plus puissante.* Ces deux opérations que Formey affirme être de la même espèce, et également possibles, partant seulement d'une volonté plus puissante, n'ont cependant entr'elles que l'extrême différence, que la formation du mouvement ne s'effectue que sur une matière existante, tandis que la création propre de la matière, qu'on lui assimile sans cesse, se seroit opérée sur le néant, dont j'ai si fort prouvé l'impossibilité, et dont toutes les forces de notre esprit, de notre raison et de notre imagination, ne sauroient nous fournir l'idée, tant celle qu'on voudroit s'en former est absurde et contradictoire, quoiqu'en même-temps si universellement admise, qu'on ne doit pas s'étonner de toute l'insistance que je mets à sa complète réfutation.

Si cette opération de l'esprit, dit encore

Formey, *est si difficile à saisir, c'est qu'on veut se la représenter par l'imagination : or comme l'imagination ne peut se former l'idée du néant, il faut nécessairement, tant qu'on se sert de cette faculté, se représenter un sujet sur lequel on agisse.* (Si l'imagination ne peut nous fournir l'idée du néant, d'où la matière universelle auroit été nécessairement tirée, pour lui donner l'existence, ce n'est que parce que le néant n'est rien; or ce seroit le comble de l'absurdité de croire, qu'aucune des autres facultés de l'esprit ou de la raison puisse se la former; car cette idée fondée sur le néant, sera toujours nulle et sans réalité). *Quand je dis, par exemple, que de rien on ne peut rien faire, où est, je vous prie, le sujet sur lequel mon esprit s'exerce présentement ?* (Je réponds que c'est sur le rien, ou pour mieux dire, qu'il ne s'exerce sur rien; parce que dans ce même exemple, choisi sur tant d'autres, il est question du néant, sur lequel aucune opération ni conception ne peut s'effectuer, et c'est cela même qui rend toute création impossible). *De même, conclud néanmoins Formey, quand on considère attentivement l'opération d'une volonté, on conçoit clairement qu'elle doit produire elle-même son sujet, bien loin qu'elle suppose un sujet pour agir.* (On concevra toujours le contraire ; car si la volonté n'avoit pour sujet de son action que le néant, sur lequel elle puisse opérer, il est évident qu'elle ne produiroit jamais rien, bien loin qu'elle puisse créer). *Car qu'est-ce qu'un acte de volonté ?* (Comme ce philosophe se garde bien de nous dire lui-même ce que c'est, je répondrai qu'on ne connoît l'acte de la volonté que par ses effets, de même qu'on ne le conçoit, ni ne peut le concevoir que comme toute autre action qui, pour produire son effet, exige nécessairement un sujet sur lequel elle agisse ; puisqu'autrement on ne conçoit pas même qu'il se fasse d'action, et encore moins qu'il puisse en résulter aucun effet ; ce qui appliqué à la création de l'Univers, effectuée sur le néant, la rend aussi absurde et contradictoire qu'impossible). *Cet acte n'est pas une émanation de corps, qui puisse ou doive toucher un autre corps pour agir. C'est un acte purement spirituel, incapable d'attouchement et de mouvement.* C'est aussi pourquoi, on peut mieux dire ce que n'est pas l'acte de la volonté, que ce qu'il est en lui-même, et moins encore comment il s'opère; car ainsi que je viens de le dire, on ne connoît cet acte que par ses effets.

Il faut donc nécessairement, poursuit Formey, *que cet acte produise lui-même son effet, qui est son propre sujet.* Cette conséquence est indubitablement fausse; parce que ce sujet non existant encore, sur lequel l'acte est supposé s'effectuer, n'est autre chose que le néant, duquel rien ne peut se faire, et que toute production n'est que l'effet d'un acte, qui ne sauroit s'opérer que sur un sujet nécessairement antérieur à l'effet produit. C'est ce que confirme sensiblement l'autre exemple que ce philosophe choisit lui-même. *Je veux, dit-il, remuer mon bras, et à l'instant une petite écluse s'ouvre, qui laisse couler les esprits dans les nerfs et dans les muscles, qui causent le mouvement de mon bras. Je demande qui a causé l'ouverture de cette petite écluse ? C'est sans contredit l'acte de ma volonté. Comment l'a-t-il ouverte ? Je réponds que je n'en sais rien, et qu'il n'en savoit pas davantage lui-même, ni qui que ce puisse être ;* car encore une fois, nous ne connoissons l'acte de la volonté que par ses effets; mais ce que je sais fort bien, et que je puis dire affirmativement, c'est que pour remuer mon bras, il a falu que ma volonté ait agi, de proche en proche, sur cette petite écluse pour l'ouvrir, sur les esprits vitaux, sur les nerfs et sur les muscles qui conduisent mon bras; puisque sans cela ma volonté auroit été impuissante, et mon bras paralisé ne se seroit pas mu, malgré tout mon bon vouloir. *Car,* répéte Formey, pour prétendue preuve contraire, *cet acte n'est pas un corps, il n'a pu la toucher; il faut donc nécessairement qu'il l'ait produite par sa propre vertu.* Je dirai a cela, que je ne connois d'autre vertu à ma volonté que son action qui, ainsi que toute autre action, suppose toujours nécessairement un sujet sur lequel elle agisse, pour produire son effet. C'est ce que j'ai répondu ailleurs au même argument de ce philosophe.

Posons présentement, reprend-il, *une volonté infinie et toute-puissante. Ne faudra-t-il pas dire, que comme je conçois que je marche en vertu d'un acte de ma volonté, ainsi la matière doit-elle exister par une opération de cette volonté toute-puissante ?* C'est toujours faussement déduire la réalité de la création de la matière, de l'existence effective de son mouvement, ou de toutes ses autres modifications très-bornées, qu'opère journellement sur elle notre chétive volonté, ou qu'effectue en grandeur infinie la volonté Divine; et n'est-ce pas supposer, comme on ne cesse aussi de le faire, que DIEU a voulu employer sa toute-puissance à tirer la matière du néant, pour en produire l'Univers, plutôt que de le former d'une matière préexistante ? Mais c'est constamment poser en fait ce qui est en question, et c'est cette volonté en DIEU de créer qu'on pourra d'autant moins prouver, que rien n'est plus absurde, et n'implique plus contradiction que la création elle-même, qu'on veut gratuitement lui attribuer. *Un être*, continue Formey, *qui a toutes les perfections, doit nécessairement avoir celle de faire et de produire tout ce qu'il veut.* Qui est-ce qui en peut douter, que des insensés, ou des athées d'une insigne mauvaise foi, qui trahissent leurs sentimens les plus intimes ? Mais une fois pour cent, produire n'est pas créer, comme on peut répondre sans cesse; car on ne s'est déja que trop apperçu que, pour échapper aux objections insurmontables que présente en foule le faux système de la création universelle, la manière constante d'argumenter

menter de ce philosophe, et de tous ceux qui soutiennent la même cause, est de substituer toujours en Dieu les actes de faire, produire, former, etc. à l'acte de créer, qu'ils veulent lui attribuer dans leurs prétendues preuves; et en rétablissant par-tout les mots créer et création, dont il est seul question, à la place des autres mots adroitement substitués, qui leur sont totalement étrangers, il se trouvera que toutes ces preuves n'ont aucun sens, ou ne font rien à la cause qu'ils veulent établir ou défendre.

On pourroit me dire, « qu'on ne le fait, « que parce qu'on ne conçoit pas la créa- « tion en elle-même, qu'on n'en a aucune « idée ni notion, et que pour s'en for- « mer du moins un foible apperçu, dans « les discussions qu'on en fait, on est « sans cesse forcé de la comparer à toute « autre chose, ainsi que j'avois prévenu « qu'on le fait constamment ». Mais dès lors ce foible apperçu ne peut être que faux, sans base, ni fondement; ce qui fait d'autant mieux sentir la nécessité d'abandonner, pour toujours, cette idée purement fantastique de la création, si inconséquemment attribuée à DIEU, quelle ne sert que de but à toutes les attaques que ses impies détracteurs dirigent contre lui, et contre sa providence, sans qu'on puisse se soustraire aux terribles conséquences qu'ils en tirent. Aussi toutes les fois qu'au lieu de démontrer la réalité prétendue de la création, on voudra, pour nous donner constamment le change, prouver celle des actes incontestables de faire, former ou produire, que DIEU opère souverainement dans la nature, il suffiroit seulement de le faire chaque fois observer, pour toute bonne réfutation des prétendues preuves de ce systême erroné, si on vouloit se borner à n'en pas faire d'autre.

Le fameux axiome, dit Formey, page 443, *rien ne se fait de rien, est vrai dans un certain sens, mais il est entièrement faux dans celui auquel on le prend.* (Mais qu'il se garde bien d'articuler, ni de dire en quoi consiste, suivant lui, sa fausseté.) *Voici les trois sens dans lequel il est vrai.* 1°. *Rien ne peut sortir de soi-même du néant, sans une cause éfficiente...* 2°. *Rien ne peut être produit du néant par une cause efficiente, qui ne soit pour le moins aussi parfait que son effet, et qui n'ait la force d'agir et de produire.* 3°. *Rien de ce qui est produit d'une matière préexistante, ne peut avoir aucune entité réelle qui ne fut contenue dans cette matière, de sorte que toutes les générations ne sont que des mélanges, ou de nouvelles modifications d'êtres qui étoient déja.*

Voilà bien des explications, toutes du moins inutiles, que ce philosophe substitue arbitrairement, au sens si clair et si simple en lui-même de l'axiome, que *rien* ne se fait de rien ou *ne se tire du néant*, et qui n'étant spécialement applicable qu'à la création ou *extraction de la matière hors du néant*, ne peut exprimer en soi que l'impossibilité de cette *extraction*, d'où résulte la conséquence infaillible de sa nullité absolue et de sa contradiction formelle. C'est ce qui confirme ce que j'ai fait voir ailleurs, qu'on ne multiplie ainsi les interprétations plus ou moins vagues de ce principe philosophique, et plus ou moins remplies de distinctions vaines, que pour en éluder le sens précis et véritable. Nous allons cependant voir s'il gagnera beaucoup à cela, non plus que ne l'ont fait tous ceux qui ont voulu aussi lui substituer d'autres interprétations, et si cette cause en deviendra meilleure. *Ce sont*, continue-t-il, *les sens dans lequel il est impossible que rien se fasse de rien, et qui peuvent être réduits à cette maxime générale, que le néant ne peut être ni la cause efficiente, ni la cause matérielle de rien. C'est-là une vérité incontestable ; mais qui bien loin d'être contraire à la création ou à l'existence de* DIEU, *sert à les prouver d'une manière invincible*. C'est ce qu'il faut voir et bien démêler, dans la divagation où il va encore se livrer à l'égard de l'acte de créer, auquel on auroit dû uniquement se borner, dans cet article création du dictionnaire Encyclopédique, qui lui étoit consacré; car quant à l'existence de Dieu, dont Formey et tous les autres frêles défenseurs de la Divinité y associent si maladroitement la cause, sans craindre de la compromettre, elle ne peut qu'être extrêmement affoiblie, par ce faux alliage qui leur en rend la défense presque impossible. Mais en attendant ces *preuves invincibles*, je vais moi-même prendre les propres sens ou interprétations qu'il a substitué à cet axiome, et auxquels il trouve tous les caractères de la vérité, pour lui prouver par son propre aveu l'impossibilité de la création, et je choisirai de préférence pour cela, l'interprétation qu'il a mise en première ligne.

En effet si, comme il le déclare, *rien ne peut sortir de soi-même du néant sans une cause efficiente*, il s'ensuit nécessairement de l'admission de cette cause efficiente, que dans la création Dieu, cause première efficiente, auroit tiré la matière du néant, et pour première impossibilité avouée, que le néant, qui n'est rien, en seroit pourtant la cause seconde. Il s'ensuivroit que la matière n'auroit pas pu commencer à exister, sans qu'elle fut et ne fut pas au même instant, seconde impossibilité, et il en résulteroit toutes les autres impossibilités et contradictions que j'ai déduites de la création, dans ma *Dissertation sur l'origine du monde*, ainsi que dans l'examen que j'ai fait des raisons, produites par Clarke, en faveur de ce système.

Voyons maintenant comment ce philosophe démontrera, *d'une manière invisible*, par les divers sens qu'il a donné à l'axiome, que *rien ne se fait de rien*, et qu'il a ensuite réduits, dans un quatrième sens, en maxime générale, que *bien loin*, est-il dit, *d'être contraire à la création ou à l'existence de* Dieu, *il sert à les prouver d'une manière invincible*. Mais l'existence de Dieu, que toute la nature atteste, et que l'axiome rien ne se fait de rien, ne peut contredire sous aucun rapport, est en elle-même aussi indubitable, que la création, réprouvée toute-à-la-fois par la nature et par l'axiome, est fantastique, absurde et contradictoire. C'est pourquoi il auroit été extrêmement à souhaiter, qu'on n'en eut jamais obscurci l'évidence, par l'alliage de cette création impossible, qui n'a servi qu'à multiplier les incrédules en Dieu, et qu'à leur fournir les plus forts argumens, contre lui et contre sa souveraine providence. Mais à l'exemple de tous les autres apologistes de la création, l'Auteur de cet article de l'Encyclopédie n'a cru pouvoir en soutenir la mauvaise thèse, qu'en défendant par elle à contre-sens la cause de la toute-puissance et de l'existence de Dieu. Par ce faux et prétendu emploie de son pouvoir, ils n'ont pas discontinué de sacrifier ou comprometre la cause de la Divinité, je ne dis pas avec intention, mais de fait; ce qui ne sembleroit que trop justifier l'intime persuasion où étoit J. J. Rousseau, que tous les philosophes concourroient généralement à faire prévaloir, moins le système inconcevable de la création, que le règne exécrable de l'athéisme. A Dieu ne plaise, que sur un sujet aussi grave, je veuille moi-même en aucune manière inculper leur motif à ce dernier égard, ni celui de pas un d'eux en particulier. Mais cet effet de leur doctrine n'en a pas moins été inévitable, soit que ce fut ou ne fut pas leur dessein, et ce n'est que cela seul que j'entends exprimer.

Poursuivons l'examen des *preuves invincibles* du philosophe Formey : car la création qu'il prétend prouver est si généralement et si fortement enracinée, qu'il ne sauroit être superflu d'en étendre le débat jusque dans ses derniers retranchemens, sur lesquels je suis forcé de me traîner, pour m'élever ensuite aux grandes discussions que Bayle, ainsi qu'un de nos derniers philosophes ont agitées, et que les athées faisant servir de bases à leur pernicieux système, il ne sera pas inutile

tile nonplus que j'en sape et ruine les fondemens, comme j'espère de le faire.

En effet, continue Formey, *s'il étoit vrai en général qu'aucun être ne peut commencer à exister, il ne pourroit y avoir aucune cause qui fît quoique ce soit : il n'y auroit point d'action ni de mouvement dans le monde corporel, et par conséquent aucune génération, ni aucun changement. Or nous portons en nous-mêmes l'expérience du contraire ; puisque nous avons le pouvoir de produire de nouvelles pensées dans notre âme, de nouveaux mouvemens dans notre corps, et des modifications dans les corps qui sont hors de nous.* Ce n'est, comme on s'appercevra facilement, qu'à la faveur des équivoques et des fausses analogies, dont ce philosophe ne cesse de s'entourer dans cette mauvaise cause, qu'il parvient à donner quelque chétive apparence de vérité à ses raisonnemens ; car les productions, les générations et les autres modifications de la matière dont il parle, sont pour ainsi dire et vulgairement parlant, des commencemens aussi d'existence, opérés sur cette matière préexistante, sans être des créations effectuées sur le néant. Mais je le demande, l'incréation de la matière des globes célestes, dont les formes sont seules contingentes, empêche-t-elle la cause première, qui est Dieu, de l'avoir combinée et modifiée, et d'en avoir formé l'Univers entier, comme les fauteurs de l'athéisme et de la création le soutiennent également ? L'empêche-t-elle d'en avoir organisé une partie, à qui il a communiqué les facultés nécessaires pour agir sur les êtres corporels, et que notre ame n'ait les autres facultés intellectuelles, qu'il nous a rendues propres ? Si cela étoit, ce seroit en cela seul que sa toute-puissance se trouveroit tellement bornée, qu'elle seroit réduite à rien. Ce ne seroit qu'alors que son existence seroit, pour ainsi dire, nulle, et que tout ne seroit qu'un pur athéisme, ainsi qu'on n'a que trop fourni aux impies l'occasion et les moyens de le soutenir. C'est à quoi j'ai répondu et répondrai plus directement dans d'autres parties de cet Essai.

Il est vrai, poursuit ce philosophe , *que les athées restreignent leurs assertions aux substances, et disent qu'encore qu'il puisse y avoir de nouveaux accidens, il ne se peut pas faire néanmoins qu'il y ait de nouvelles substances, mais dans le fond ils ne peuvent rendre aucune raison solide pourquoi l'un est plus impossible que l'autre ?* (La véritable raison bien simple de cela, qui n'est point celle des athées, mais de ceux qui pourroient à bon droit les réduire au silence, ou à qui du moins ils ne pourroient rien rétorquer, ni objecter de solide contre la toute-puissance de Dieu, et conséquemment contre son existence, c'est que tous les phénomènes de la nature attestent le grand emploie qu'il en a fait, dans les modifications ou accidens infiniment variés, dont il a revêtu la matière pour en former, non de nouvelles substances, mais les êtres corporels dont il a composé les mondes ; et que loin de confirmer, ils réprouvent la création d'aucune substance). *Ou pourquoi il ne peut y avoir aucun être qui fasse de nouvelles substances ?* Les formations des substances, ne sont proprement que les modifications déja opérées, ou qui s'effectuent journellement sous nos yeux dans les êtres corporels. Elles ne sont donc pas la création de ces êtres, ni d'aucune nouvelles substances, dont j'ai mis l'impossibilité en évidence, mais que néanmoins Formey et tous ses sectateurs confondent si fréquemment, avec leur formation ou production effective.

Ce qui produit ce préjugé, ajoute le même philosophe, *ce sont les idées confuses que l'on emprunte de la production des choses artificielles, où tout se fait d'une matière préexistante, à laquelle on donne seulement de nouvelles modifications.* (Ce sont de ces mêmes idées confuses, que Formey emploie lui-même à tout propos, comme on l'a constamment vu, que résulte le préjugé contraire qu'il défend.

Mais ce qu'il nomme si improprement ici la production des choses artificielles, n'est spécialement que la production des choses naturelles, que nous voyons sans cesse se renouveller dans la nature, et qui n'ont rien de commun, ni l'une ni l'autre, avec leur création prétendue. C'est ainsi qu'il ne prétend justifier les confusions d'idées, et les préjugés qu'il se forme continuellement, qu'en imputant à autrui les mêmes vices, qui font la base de tous ses raisonnemens, pendant qu'il n'a cru pouvoir les rendre probables, qu'en usant de ces faux moyens). *Nous nous persuadons mal-à-propos qu'il en est des productions d'un être infini, comme des nôtres.* (Je n'ai d'autre connoissance des productions de l'Etre, dont tous les attributs sont infinis, que celles de l'Univers entier et de tout ce qu'il renferme, qui sont les véritables ouvrages qu'il a faits; et ce philosophe tout le premier n'en auroit pu connoître d'autres, s'il n'avoit pas toujours confondu, deux opérations aussi dissemblables et aussi incohérentes entr'elles, que la création et la formation de toutes choses, pour pouvoir dans ses raisonnemens donner un faux air de vraisemblance à cette prétendue création universelle). *Nous en concluons qu'il n'y a aucune puissance dans l'Univers qui puisse faire ce qui nous est impossible, comme si nous étions la mesure de tous les êtres.* Sans savoir que peu de choses, de ce que connoissent beaucoup d'autres hommes, je ne sais rien de mieux, si non, que vouloir comparer nos foibles moyens, ou ceux des vermisseaux, à la toute-puissance de l'Etre-Suprême, et nos chétifs ouvrages à la formation et à l'organisation de la nature entière, qui sont les siens, c'est proprement vouloir assimiler l'infiniment petit à l'infiniment grand, en puissance et en intelligence.

Mais puisqu'il est certain, reprend Formey, *que les êtres imparfaits peuvent eux-mêmes produire quelque chose, comme de nouvelles pensées, de nouveaux mouvemens et de nouvelles modifications dans les corps, il est raisonnable de croire, que l'Etre souverainement parfait va plus loin, et qu'il peut produire des substances.* J'ajouterai à cela, qu'il va infiniment plus loin que de produire des substances, puisque nous qui ne sommes que des êtres chétifs, en produisons nous-mêmes par la voie de la génération, sans jamais savoir comment cette génération s'effectue en nous, ni dans les animaux qui nous sont si inférieurs; mais en une fois comme en cent, la production des substances ou choses corporelles, n'est pas leur création. Il ne faut donc pas la substituer toujours à celle-ci, et ce philosophe n'auroit jamais pu tenter de soutenir le système erroné qu'il défend, si comme les autres apologistes de la création, il n'avoit pas pris constamment l'une pour l'autre, ces deux opérations si disparates entr'elles; aussi n'est-il pas étonnant, que ses prétendues *preuves invincibles* ne s'en ressentent indispensablement, par l'incohérence qui s'y trouve d'un bout à l'autre. J'aurois pu sans doute, ou je pourrois encore faire grâce au lecteur de la plus grande partie de leurs raisonnemens, si ce n'étoit pas laisser penser à leurs innombrables sectateurs, que l'impuissance d'y répondre d'une manière avantageuse, m'auroit fait user de ce ménagement.

On a même lieu de croire, continue-t-il, *qu'il est aussi aisé à* Dieu *de faire un monde entier, qu'à nous de lever le doigt.* (Cela est si peu douteux, et en même-temps si puérile, qu'il en a fait par centaines de milliards, avec leurs habitans, par le simple acte de sa volonté, opérant sur la matière incréée, comme j'ai tâché de l'établir dans ma *Dissertation sur l'origine du monde*, en réfutant en lui-même le système que soutient ce philosophe). *Car dire qu'une substance commence à exister par la puissance de* Dieu, *ce n'est pas tirer une chose du néant, dans les sens que nous avons ci-dessus reconnus pour impossibles.* (Le contraire est prouvé; car je je l'en ai formellement déduit, ainsi que la propre impossibilité de la création). *Il est vrai que la puissance infinie ne s'étend pas à ce qui implique contradiction.* (Voilà enfin le grand aveu si difficile à échapper, qui fait le seul point de la question ; parce que j'ai clairement démontré, ce me semble sous tous les rapports, qu'il ne sauroit y avoir rien de plus impossible, ni qui implique plus contradiction que la création en ellemême de la matière qui, si elle étoit l'ouvrage de Dieu, auroit seule limité sa toute-puissance infinie, par les vices et les imperfections dont sa suprême bonté n'auroit pu la délivrer, ni en exempter l'humanité). *Mais c'est ici,* dit Formey, *précisément où les adversaires de la création sont défiés de prouver, qu'encore qu'il ne soit pas impossible de tirer du néant un accident ou une modification, il est absolument impossible de créer une substance. C'est ce qu'ils ne démontreront jamais.* Ce philosophe se trompe précisément encore ici ; car pour former les accidens ou modifications de la matière, il n'est besoin que d'agir sur elle. Je vais plus loin que la preuve qu'il affirme ne pouvoir être jamais produite, en établissant comme évident en soi, et contre son assertion, qu'il est même tout également impossible d'opérer sur le néant, pour en tirer un accident ou une modification, que pour en tirer ou créer la substance matérielle dont les corps sont composés.

Si rien, dit encore cet ancien secrétaire perpétuel d'Académie des sciences, *ne peut être tiré du néant, dans le sens que nous soutenons, il faut que toutes les substances de l'Univers existent non-seulement de toute éternité, mais même nécessairement et indépendamment de toute autre chose.* (Je ne connois dans toute la nature, outre Dieu, seul être essentiellement actif, et outre l'espace infini, d'autre substance éternelle, existant nécessairement et indépendamment de toute autre chose, que la matière première, dont le Tout-Puissant s'est servi, pour former tous les êtres matériels que renferme l'Univers, et qui n'étant distingués entr'eux que par les formes ou modifications contingentes et diverses, dont cette même matière a été revêtue, ne sauroient être éternels comme elle). *Or on peut dire que c'est là effectivement faire sortir quelque chose du néant.* Formey prétend en donner pour preuve l'éternité du mouvement, que les athées supposent follement en propre à la matière, et il ajoute : *de même ceux qui font les substances existantes par elles-mêmes, sans que l'existence nécessaire soit renfermée dans leur nature, tirent du néant l'existence des substances.* On a vu ci-dessus, que parmi les trois seules substances nécessaires et éternelles, Dieu, l'espace et la matière, celles dont ce philosophe parle, ne sont que la matière différemment modifiée, et ces diverses modifications ne peuvent être existantes par elles-mêmes, ni avoir été tirées du néant ; car elles dérivent de cette matière première, qui a servi à leur production. Je demande pardon au lecteur, comme je le demanderois aux mêmes Auteurs, s'ils pouvoient m'entendre, du morcellement que j'ai été obligé de faire de chacune de leurs phrases ou propositions, pour mettre mieux un chacun dans le cas de les distinguer entr'elles, et de les apprécier séparément ; parce qu'elles ne forment, dans leur ensemble, qu'une divagation perpétuelle. Je ne puis les attribuer qu'à la confusion et à l'incohérence des idées, dont eux et tous les autres apologistes de la création font constamment usage, en discutant cette question, qu'ils allient toujours à la prétendue défense de la Divinité, et qu'à ce qu'ils confondent sans cesse, la véritable cause de Dieu et de la formation et direction de l'Univers, avec celle contradictoire de la création. Ce n'est évidemment qu'entourer cette cause d'une arme qui lui est pernicieuse, et qui fait voir que si J. J. Rousseau vivoit encore, lui qui s'en regardoit comme le martyre, il ne manqueroit pas de vouloir confirmer par le fait, l'entière persuasion où il étoit, que tous les efforts des philosophes modernes n'ont tendu qu'à assurer le siècle de l'athéisme, sous le règne duquel il sembleroit que nous ne soyons déjà que trop complètement tombés.

Si toutes les substances, poursuit Formey, *étoient éternelles, ce ne seroit pas seulement la matière ou les atomes destitués des qualités, qui existeroient par eux-mêmes de toute éternité, ce seroit aussi les ames ; il n'y a point d'homme tant soit peu raisonnable, qui puisse s'imaginer que lui-même, ou ce qui pense en lui, n'est pas un être réel, pendant qu'il voit que le moindre grain de poudre, emporté par le vent, en est un. Il est visible aussi que l'ame ne peut pas naître de la matière destituée de sentiment et de vie, et qu'elle ne sauroit être une modification. Ainsi, si aucune substance ne peut être tirée du néant, il faut que toutes les ames humaines, aussi bien que la matière et les atomes, aient existé non-seule-*

ment de toute éternité, mais encore indépendamment de tout autre être. J'ai déja dit que les substances corporelles dont parle cet auteur, ne sont incontestablement que la matière différemment modifiée, et il ne peut nullement s'ensuivre de l'éternité de cette matière première, que les ames humaines, que Formey reconnoît fort bien pour ne pas en être des modifications, soient éternelles comme elle ; car les modifications mêmes, qui sont devenues le propre de la matière, ne le sont expressément pas, et on trouvera qu'à l'égard de l'ame, il résulte encore le contraire de l'assertion de ce philosophe, lorsqu'on ne la considérera, que comme une simple émanation de facultés intellectuelles, que l'Etre infiniment parfait à transmises à l'homme.

Nous ne pouvons, ce me semble, nous former d'une manière très-restrainte, d'autre notion de l'*infini*, que celle d'un objet auquel on ne peut concevoir de bornes, ni d'autre idée de l'*éternité* que celle d'une durée (qui a toujours été et qui sera toujours, ou pour mieux dire,) à laquelle on ne sauroit non plus concevoir ni commencement ni fin. Ce n'est que dans ces sens qu'on peut se permettre l'usage de ces expressions. D'après ces notions, auxquelles les bornes de notre foible intelligence ne permet pas de donner plus d'extention, il ne paroît appartenir qu'à l'espace d'être infini, de limiter toutes choses et de ne pouvoir être borné par rien, comme n'appartenir essentiellement qu'à Dieu, à l'espace et à la matière, d'être éternels ou infinis en durée, à quoi il faut nécessairement ajouter l'Univers entier, comme un ouvrage assez parfait de la Divinité, pour devoir jouir de l'éternité future. Or ce qui forme en Dieu ses autres qualités essentielles, mais distinctes des deux autres êtres proprement éternels aussi, est d'être seul infiniment actif et tout-puissant, d'être seul infiniment intelligent, infiniment bon, infiniment sage, etc. où l'infini est restraint par la démarcation de ces diverses qualités. Car il résulte nécessairement de toutes les merveilles que cet Etre-Suprême a opérées dans la nature, que nul de ses attributs ou qualités ne peut chacun en soi avoir de bornes, et qu'ils s'étendent à l'infini sur toute la généralité de l'espace et de la matière, ainsi que sur toutes les choses qu'il en a faites provenir; mais qu'en lui-même Dieu n'étant pas infini, n'a pour bornes que l'essentielle privation de toutes les qualités physiques, qui répugnant à son immatérialité, en feroit nécessairement un être corporel.

Venons enfin à la grande preuve de la création, déduite par le philosophe Formey, de la notion abstraite de *l'être nécessaire* ou *existant par lui-même*, si fortement prônée, sur la foi de Clarke, par tous les philosophes modernes, et que depuis lui on a toujours opposée, comme un argument irrésistible, à la co-éternelle existence de la matière, que je soutiens; puisque j'ai fait voir les contradictions

tradictions qui fourmillent dans tous les autres argumens dont on a voulu étayer la création ; mais pour que cette dernière preuve fut du moins admissible, il seroit essentiel qu'elle ne supposât pas en Dieu, à l'éternité et à l'infinité de qui elle a été spécialement consacrée, l'étendue fut-elle infinie, ni *toutes les plénitudes* et *toutes les réalités* purement *Spinosistes*, qui n'en feroit qu'un être matériel, si fort incompatible avec ce pur esprit, souverainement intelligent, actif et indivisible par essence. Tel est le défaut radical que j'y trouve, indépendamment du vice de l'argument en lui-même. Voyons maintenant s'il est aussi concluant qu'on l'a généralement prétendu.

La matière n'est pas coéternelle avec Dieu, *d'où il suit qu'elle a été créée: en voici*, dit ce philosophe, *la preuve. Ou la matière*, argumente-t-il d'après Clarke, *est infinie dans son étendue, en sorte qu'il n'y ait aucun espace qui n'en soit absolument pénétré, ou elle est bornée dans son étendue, de façon qu'elle ne remplisse pas toutes les parties de l'espace : or soit qu'elle soit finie, soit qu'elle soit infinie dans son étendue, elle n'existe pas nécessairement.*

1°. *Si elle est finie...* Je l'admets pour finie avec lui, et avec tous les philosophes les plus éclairés qui, comme Newton, ne sauroient adopter le plein de Descartes ; mais je soutiens que rien ni dans la raison, ni dans la constitution des choses établies, ni dans aucun des innombrables effets de la nature, ne nous prouve d'autre contingence dans la matière, que celle de ses modifications. Ainsi je ne trouve utile de suivre que cette première partie du dilemme, fondée sur ce que la matière est bornée dans son immense étendue, et qu'elle n'est pas infinie ; ce qui est une vérité que je reconnois entièrement.

Si elle est finie, est-il dit, *dès-là elle est contingente : pourquoi ? Parce que, si un être existe nécessairement on ne peut pas plus concevoir sa non-existence, qu'il n'est possible de concevoir un cercle sans rondeur, l'existence actuelle n'étant pas moins essentielle à l'être qui existe nécessairement, que la rondeur l'est au cercle.* D'accord sur les modifications contingentes de la matière; mais il est impossible de prouver, contre l'expérience constante de la nature, que la matière soit en elle-même contingente; puisqu'elle ne pourroit l'être, que dans le cas où son propre anéantissement pourroit s'effectuer : autre dédale d'absurdités, de contradictions et d'impossibilités, dérivant du même systême de la création, dont j'ai jugé inutile de parcourir la série, comme je l'ai déja fait de cette extraction de la matière hors du néant. Mais prenons bien garde de ne pas supposer, à la faveur de l'obsurité des notions abstraites, comme le fait cet auteur, l'objet même qui est en question.

Or, continue-t-il, *si la matière est finie et qu'elle ne remplisse pas tous les espaces, dès-lors on conçoit sa non-existence.* (Dès-lors dirai-je avec plus de raison, on ne conçoit l'inexistence de la matière, qu'où elle n'est pas, comme on conçoit nécessairement son existence, par-tout où elle réside, ou est supposée résider ; parce que dans son ensemble elle est immensément étendue, sans être infinie. Mais vouloir appliquer ce même raisonnement dit *à priori*, à prouver par opposition à tout autre objet, l'existence nécessaire et si on pouvoit dire *l'infinité* de Dieu, remplissant tous les espaces et *ayant toutes les plénitudes ou réalités*, ce seroit proprement, ainsi que je l'ai énoncé, faire de ce pur esprit essentiellement actif et indivisible, un être spécialement passif et matériel, possédant l'étendue, et toutes les autres propriétés, plénitudes ou réalités physiques. Ce seroit aussi détruire toute notion sur son essence ou sur tous ses attributs actifs, qui le distinguent nécessairement de la matière et y sont incompatibles, si la nature entière, qui est son ouvrage, l'ordre et l'harmonie de tous ses phénomènes, n'attestoient pas aussi authentiquement son existence et ses attributs, s'ils ne prouvoient eux-mêmes pas que cette harmonie de toute la nature, ne pourroit être l'effet du hasard, quand on supposeroit faussement que ce qu'on nomme hasard, toujours nécessairement désordonné pour nous, seroit toute autre chose ou réalité que notre profonde ignorance, sur les effets dont nous ne prévoyons ou connoissons pas les causes immédiates, dérivant elles-mêmes du suprême ordonnateur de toutes choses). *Si on peut la concevoir absente de quelques parties de l'espace, on pourra supposer la même chose pour toutes les parties de l'espace.* (C'est certainement ce qu'on ne peut pas faire; car cette nouvelle supposition, est non-seulement contraire à la vérité, mais encore contraire à la première supposition, établie par ce faux dilemme qui, admettant que la matière est finie, veut qu'elle remplisse, non la totalité absolue, mais partie de l'espace ou étendue). *Il n'y a point de raison*, ajoute ce philosophe, *pour qu'elle existe dans une partie de l'espace plutôt que dans un autre.* Il y a du moins les raisons de sa propre existence, et de la condition de cette première partie du dilemme, qui exigent impérieusement que la matière réside dans quelques parties de l'espace, n'importe lesquelles. *Donc,* conclud-il, *si elle n'existe pas nécessairement dans toutes les parties de l'espace, elle n'existera nécessairement dans aucune, et par conséquent si la matière est finie, elle ne sauroit exister nécessairement.*

On me permettra de dire, que ce raisonnement n'est qu'un véritable sophisme ; parce que la mineure est directement contraire à la majeure ; ce qui rend fausse la conclusion fondée sur cette mineure. Mais pour rendre l'argument juste, il falloit l'établir ainsi : « Or si la
« matière est finie, et qu'elle remplisse
« quelques parties de l'espace, dès-lors
« on conçoit son existence; si on la con-
« çoit présente dans quelques parties de
« l'espace, elle existera nécessairement
« dans les parties de l'espace où elle est

« conçue : donc si elle existe nécessaire-
« ment dans les parties de l'espace où
« elle est conçue, elle existera nécessai-
« rement dans les parties de l'espace qu'elle
« remplit, et par conséquent, quoique la
« matière soit finie, elle n'en existe pas
« mois nécessairement ». Voilà à quoi se
réduit ce fameux argument, si célèbre,
si renommé, et qui a fait illusion à tout
le siècle de la philosophie, contre la
préexistence de la matière ; savoir, à nous
donner contre sa création, une conclusion directement opposée à celle qu'on
prétendoit en tirer. Quoique celle-ci soit
puérile par sa simplicité emphatique, je ne
trouve pas qu'elle puisse être plus juste,
ni plus conforme aux deux membres de
l'argument, telle qu'elle doit l'être dans
un bon syllogisme.

Il reste donc à dire, reprend le philosophe Formey, *que l'éternité ne peut convenir à la matière, qu'autant qu'elle est infinie, et qu'elle remplit toutes les parties de
l'espace.* D'après cela je demande, si cette

seconde partie du dilemme, que je ne suivrai pas plus loin, étant appliquée à Dieu, en tant qu'infini et possédant *toutes les plénitudes et réalités*, il remplit toute l'étendue de l'espace, ce n'est proprement pas, ainsi que je l'ai dit, le faire matériel ? Ne seroit-ce pareillement pas détruire, s'il étoit possible, l'évidence et l'authenticité des preuves, que le concours harmonieux de tous les phénomènes de la nature, nous donne de la spiritualité et de la profonde sagesse, de l'indivisibilité et de la toute-puissance de l'Etre-Suprême, si incompatibles avec l'incidieuse extravagance du matérialisme ? Tel est pourtant l'abus qui résulte des pures abstractions métaphysiques de l'*être nécessaire* et de ces soi-disant preuves *à priori*, appliquées à Dieu, par lesquelles on a prétendu démontrer par prédilection, l'éternité et l'infinité de l'ordonnateur de toutes choses, et prouver également la contingence ou création de la matière.

D'après

D'après cela on ne sauroit être trop étonné de la formelle contradiction où est tombé Clarke, en s'efforçant d'établir par les mêmes idées abstraites de l'*Être nécessaire*, toutes *les infinies plénitudes*, et toutes les *infinies réalités* véritablement *Spinosistes*, qu'il attribuoit à la Divinité, lorsqu'il conclud en même-temps, dans son traité sur l'existence de Dieu, prop. 6, que *cet être existant par lui-même est simple, immuable, incorruptible, sans parties, sans figure, sans mouvement, et pour tout dire en un mot, un être en qui ne se trouve aucune propriété de la matière* : comme si toutes les propriétés de la matière, n'étoient pas elles-mêmes *des plénitudes* et *des réalités*, que l'essence Divine ne peut comporter, sans être matérielle.

Tels sont les abus multipliés des notions trop fortement abstraites, et trop étrangères à l'ordre des choses établi, qui faisant en ce genre lui-même abstrait, soudainement tomber dans le vague, ont le plus contribué à retarder les progrès de la philosophie rationnelle, en empêchant d'en considérer assez les objets sous leur véritable rapport; c'est-à-dire, dans leur analogie avec l'ordre invariable de la nature, qui doit servir de guide à la raison, et sur laquelle se fonde cette partie essentielle des connoissances humaines; parce que ce sont les saines idées de l'ordre et de l'analogie qui en sont la base. Ainsi, comme je l'ai déja observé, tout ce qui s'y trouve conforme, tout ce qui s'adapte aux phénomènes de l'Univers, ne peut être marqué que du sceau de la vérité, et on doit rejeter, comme évidemment faux, tout ce qui s'y trouve incompatible, ou qui implique en lui-même contradiction; ce qui sous ce dernier rapport est indubitablement le cas de la création.

Les théistes les plus intimement pénétrés de l'existence de Dieu, de sa providence et de ses attributs ou perfections infinies, préfèrent les raisons qui leur paroissent en établir le mieux la vérité. C'est pourquoi ils ne choisissent généralement pas les preuves *à priori*, que Clarke a si fort mises en vogue, et qui partent de la cause abstraite pour en déduire les effets; mais ils donnent la préférance à celles appelées *à posteriori*, qui remontent des effets connus, à la connoissance de la cause d'où ils émanent. Je pense qu'ils ont raison; parce que celles-ci fondées sur le concours des phénomènes innombrables de la nature, sur la beauté, l'ordre, l'harmonie qui résident entr'eux, et sur l'enchaînement et la marche de toutes les parties de l'Univers, sont incomparablement plus manifestes, plus claires, et en cela plus évidentes, plus à la portée de tous les esprits, que ne sont et ne peuvent jamais l'être, les notions purement métaphysiques des *êtres nécessaires* ou *existant par eux-mêmes*.

C'étoit le vice général des anciens philosophes, principalement de ceux de la Grèce, vice qui s'est propagé presque jusqu'à nos jours. Ils vouloient tout connoître et tout approfondir, par le moyen des notions abstruses ou des pures abstractions de l'esprit, par lesquelles il n'est pas de fausses routes qu'ils n'aient parcourues et épuisées. Mais ce n'est qu'après un très-grand nombre de siècles d'égaremens et d'erreurs, que les hommes ont enfin reconnu, en marchant sur les traces de Locke, mais non pas de beaucoup assez, à l'égard du principe efficient de toutes choses, que nos foibles conceptions ne nous permettoient pas de pénétrer la nature des causes les plus simples et, n'auroit-on jamais dû perdre de vue, infiniment moins, l'*essence* de l'Être-Suprême, pour en déduire et les causes secondes, et tous les effets qui résultent de ces causes *. Ils se sont

---

* Si je parle quelque fois en d'autres termes de l'*essence* de Dieu, quoique convaincu que celle proprement dite, sera toujours impénétrable à l'homme, je n'entends alors exprimer par cette essence de la divinité, que les attributs que nous jugeons lui être les plus essentiels, et ce n'est jamais que pour désigner les ojbets qui y sont incompatibles.

convaincus que ce n'étoit que par nos sens, que nous appercevions les différentes qualités ou propriétés qu'excite constamment en nous la présence de chaque objet divers, et que nous acquérions toutes nos idées; que ce n'étoit que par eux seuls que nous pouvions faire des observations et des expériences sur toutes choses, en rassembler et analyser les rapports, les généraliser et les classer, afin de les mieux distinguer et approfondir; que ce n'étoit que sur les dissemblances et les similitudes, que nos sens nous ont faits appercevoir entre ces propriétés diverses, que nous pouvons asseoir nos combinaisons et nos calculs. Ils ont invariablement dû remarquer enfin que nous ne savions uniquement des choses secondaires, que les mêmes propriétés et rapports que les observations ou expériences nous avoient faits découvrir, et de Dieu, ou pour mieux dire, de ses attributs ou perfections, que ce que l'observation de tous les effets ou phénomènes de la nature, leur concours et leur harmonie, nous ont évidemment faits reconnoître en lui.

C'est en étendant sans cesse sur toutes choses ces observations, ces calculs et ces expériences, seuls fondemens de toutes nos connoissances, que nos prédécesseurs tant anciens que modernes, ont acquis les sciences qu'ils nous ont transmises, que ce dernier siècle les a étonnamment accrues et perfectionnées, et que nos successeurs, dans la multitude innombrable des siècles à venir, les accroîtront et perfectionneront infiniment encore ; parce que la nature, ce chef-d'œuvre des lois innaltérables de la Divinité, présente à nos recherches dans l'immensité de l'Univers et dans d'innombrables phénomènes, un champ inépuisable et sans bornes, que par toute la constance de nos travaux, pendant l'immensité des siècles futurs, nous ne saurions jamais entièrement parcourir. Plus cependant nous reconnoîtrons, classerons et approfondirons tous ces phénomènes de la nature, leurs rapports et leur enchaînement, plus nous perfectionnerons la notion de la toute-puissance et de la profonde sagesse de leur Auteur, et plus seront parfaites les idées que nous nous formerons de tous les autres attributs ou perfections infinies de cet Etre-Suprême, sans qu'il soit jamais besoin de chercher la preuve, ni de son existence, ni de ses divines qualités, dans les pures abstractions métaphysiques qui, par leur abus, ne les ont que trop altérées, et qui dans cette mer sans rive ni fond, auroient immanquablement achevé de nous les faire méconnoître, si dans la beauté, l'ordre et l'harmonie de toutes ses merveilles, la Divinité ne se manifestoit pas aussi authentiquement qu'elle le fait, aux yeux de tous les hommes, et même aux yeux des impies, qui paroissent en étouffer en eux l'intime conviction, quoiqu'elle dépose constamment contre leurs propres assertions.

Il me reste à examiner les objections que Bayle a produites contre l'éternité de la matière, et a détruire les fortes inductions que les athées y puisent en faveur de leur pernicieux systême; mais comme dans la discussion que j'en ferai, il sera fort question de l'activité de forces et de mouvement, que quelques philosophes anciens ont supposé aux élémens de cette substance incréée, pour établir leur athéisme; mais que Bayle, en les ravivant fait beaucoup valoir contre son éternité, je crois avant de m'y livrer, devoir discuter les meilleures raisons, sur lesquelles un de nos derniers philosophes a étayé cette prétendue activité des élémens primitifs, qui déprécient le plus la bonté de son ouvrage, quoiqu'il semble n'avoir été presqu'entièrement composé, que pour en établir les principes, et j'examinerai en même-temps, les raisons qui lui font croire que la fin du monde se prépare.

LIVRE

LIVRE SECOND.

CHAPITRE VI.

SECTION PREMIÈRE.

Examen des argumens que fait l'Auteur de la Philosophie de la Nature, tant à l'appui du prétendu mouvement essentiel à la Matière, qu'en faveur de la soi-disant fin du Monde.

PREMIÈRE QUESTION.

La matière est-elle intrinséquement un principe passif, dénué de toute activité et de tout mouvement qui lui soient propres, comme je l'ai établi p. 166, en distinguant spécialement ses qualités inhérentes, primitives, d'avec ses qualités acquises, secondaires, et comme j'acheverai de le confirmer incontestablement, dans toute la suite de cet Essai de Philosophie rationnelle? Ou bien le mouvement lui est-il essentiel, de manière que sans le concours de Dieu, elle a pu s'organiser d'elle-même, former l'Univers, et être le mobile de tout ce que nous voyons opérer dans la nature? Telle est la grande et principale question qui a toujours divisé le véritable théiste de l'athée, qui ne suppose cette inutilité de Dieu, que pour mieux contester son existence. Le philosophe estimable dont il s'agit, admettant en quelque manière le concours de l'Etre-Suprême dans les opérations de la nature, est loin de se classer parmi ces derniers; puisque dans le même ouvrage il défend la providence Divine, à laquelle il paroît se complaire. Il doit suffire qu'il désavoue tout athéisme, pour le croire de bonne foi, mais non pour se dispenser de discuter ce qui dans sa doctrine y conduit directement, et qui prouve qu'il a moins réfléchi sur cette question particulière, que sur-tout le reste de son utile production, pendant les vingt années qu'il déclare avoir employé à la méditer ou à la rédiger.

Je ne veux, dit-il, tome Ier. page 52, édition de Londres, de 1777, *qu'examiner si le mot d'inertie est compatible avec l'idée que la philosophie attache au mot matière*. Afin d'établir leur prétendue incompatibilité, l'Auteur s'autorise sur ce que Buffon a parlé de la matière brute dans le supplément de son Histoire Naturelle, pour demander page 53, *quelle idée présente à l'esprit ce mot matière brute, et si pour l'être qui pense, le terme d'action n'est pas synonime à celui d'existence ?* Pour adopter s'il étoit possible cette synonimité, entre deux expressions si différentes, il faudroit qu'exister signifiât agir, il faudroit aussi, contre l'évidence des faits, qu'il n'existât pas dans la nature une multitude de choses inanimées, qui fussent dépourvues d'action, et qui ne peussent d'elles-mêmes se donner le mouvement. *Quel est*, demande-t-il encore, *l'origine d'une matière brute ? est-ce à* DIEU, *est-ce à la matière vive, est-ce à elle même qu'elle doit l'être ?* Comme ce philosophe convient que nul être ne peut avoir été créé ou tiré du néant, ni que rien puisse soi-même se produire, il suffit de l'existence de la matière intrinsèquement brute, passive et morte, pour qu'elle ait toujours existé, comme je l'ai prouvé, sans qu'il soit besoin d'en chercher d'autre origine, ni cause.

Delà résulte ce que l'Auteur dit lui-même, que *tous les phénomènes de la nature s'expliquent avec un principe actif;* parce que ce principe actif ne sauroit être que DIEU, non la matière, et que tous ces phénomènes ne sont que les effets de la toute-puissance, qu'il exerce sur ce dernier principe passif, mais éternel comme lui. Ainsi ce n'est que par les seuls effets de l'activité toute-puissante de Dieu que, pour me servir des expressions de l'Auteur, page 58, « tout se meut dans l'Univers; « chaque planète tourne, soit sur elle-« même, soit dans l'ellipse qu'elle décrit « au tour du soleil : les étoiles fixes ont « leur mouvement particulier : les co-« mètes ont leur aphélie et leur périhélie : « c'est par le mouvement, que dans le « grand systême des êtres, tout naît, tout « s'organise et tout se décompose »; car ces phénomènes ne sauroient résulter d'aucun principe de l'activité que ce philosophe suppose à la matière, ni ne pourroient s'effectuer d'eux-mêmes, si le grand mobile de toutes choses, qui est Dieu, ne les avoient pas mues, s'il n'avoit pas établi les lois universelles qui, perpétuant le mouvement, font tout naître, font tout organiser dans la nature, dont lui seul a pu vivifier une partie, et où, dans ce qui n'est pas matière brute et non vivifiée, tout ne se détruit, ne se décompose momentanément, que pour renaître, que pour s'organiser à perpétuité et sans cesse de nouveau.

L'étendue, continue le même Auteur, page 57, *ne fut jamais l'essence de la matière ; elle n'en est qu'une modification, comme sa divisibilité, son impénétrabilité, etc. Il n'est pas plus permis d'inférer qu'un être est essentiellement matériel, parce qu'il a une surface, que de le conclure parce qu'il a une figure et des forces.* Il paroît bien singulier que ce philosophe ne veuille pas, que les élémens primitifs, qui constituent la matière, soient étendus et impénétrables, quoique imperceptibles aux sens, et individuellement indivisibles par leur fixité; puisqu'ils n'en sont les élémens, qu'autant qu'ils sont inaltérables; puisqu'aussi tous les cumuls possibles d'inétendue pénétrable, ne pourroient jamais composer rien d'étendu, rien d'impénétrable, comme tous les cumuls possibles d'êtres privés d'intelligence, ne sauroient jamais former une être intelligent. Il est bien plus singulier encore qu'il soutienne par-tout ailleurs, que les forces et le mouvement soient essentiels à la matière, malgré qu'il ne les fasse ici considérer que comme des modifications, qui ne constituent réellement pas cette subtance passive : car il ajoute ensuite, page 59, qu'*il existe dans toutes les molécules de la matière un mouvement interne qu'elles doivent à leur propre énergie, qui ne se fait sentir que par les effets, et à qui il faut rapporter tous les phénomènes variés de l'Univers.* C'est ce qu'il seroit impossible d'expliquer si, comme je viens de le dire, on n'admettoit pas une cause motrice, toute-puissante et étrangère à ces molécules inanimées, qui a tout mu et tout organisé dans la nature. Mais en partant de l'énergie et du mouvement interne, que l'Auteur suppose faussement à ces molécules, et auxquels il veut rapporter tous les phénomènes si infiniment variés de l'Univers, il auroit dû au moins nous dire, pourquoi ces molécules de la matière, qu'il suppose avec raison homogènes, n'ont pas toutes le mouvement dans le même sens? Et si elles l'ont chacune dans une direction différente, dont on ne sauroit pourtant trouver la raison suffisante, comment pourroit-on en concevoir d'autre résultat, qu'une confusion et un bouleversement inexprimables? Au lieu que la beauté, l'ordre merveilleux que nous présente l'Univers, dans son ensemble et dans ses moindres détails, nous prouvent qu'il ne peut émaner que d'un moteur et régulateur, doué de l'intelligence suprême.

Ce mouvement interne, poursuit-il, page 60, *n'est pas un être de raison pour le philosophe ; ce rocher vous semble immobile ; mais interposez votre main entre lui et le sol qui le soutient, elle en sera écrasée.* (Dans ce cas et dans tous les autres cas analogues qu'on pourroit citer, c'est confondre le mouvement propre avec le mouvement communiqué ; c'est partir de l'organisation, de l'énergie et du mouvement que Dieu a donné à chaque partie de l'Univers, pour croire que chacune les a eu de toute

toute éternité. C'est ce qui fait maintenant qu'un corps immobile résiste au mouvement en proportion de sa masse, sans qu'on doive en conclure, comme le fait ce philosophe, que ce corps a une énergie, un mouvement qui lui sont propres. Ainsi tant que du mouvement qu'on suppose essentiel aux molécules aveugles de la matière, on n'en fera pas clairement résulter, et les êtres pensans, et l'ordre et l'harmonie invariable, qui existe dans ce grand tout et dans ses moindres parties, il restera toujours évident qu'ils ne peuvent provenir que de l'intelligence suprême, que nous sommes forcés d'admettre). *Les corps ne se dilatent, ne se condensent, ne se vivifient, ne se métamorphosent, que par les lois invariables du mouvement.* Mais en reconnoissant cette vérité, on sera toujours fondé à demander, qui a pu assujétir les mouvemens de tous les corps à ces lois invariables, si ce n'est l'intelligence et la toute-puissance de l'Etre qui leur en a transmis l'impulsion, et qui dans l'immensité des parties de l'Univers, en a si parfaitement déterminé toutes les directions.

C'est, continue-t-il, *en vertu de ce principe d'activité, que notre globe n'est qu'un tableau mouvant, où se succèdent sans cesse les générations et les destructions, les combinaisons et les compositions : car si la matière cessoit un moment d'agir, elle cesseroit d'être matière, et l'Univers seroit anéanti.* Il ne résulteroit de la cessation de toutes espèces d'activité, de mouvement, et même encore de cohérence données aux élémens de la matière qui forment les corps, que la réintégration de son état primitif, et la décomposition de l'Univers. Il ne s'ensuivroit donc l'anéantissement d'aucune de ses moindres parties, ni la fausse induction qu'il en tire, que la matière cesseroit d'être; de manière que selon ce philosophe, page 64, *l'idée de la matière en repos implique encore plus contradiction, que celle d'un animal sans organe et d'un homme sans tête.* Comme si Dieu n'auroit pas pu laisser les molécules de la matière dans leur immobilité éternelle, avec leurs seules qualités inhérentes que j'ai dévelopées, page 166, ou se borner à ne leur donner que la cohérence qui lie tous les élémens des corps, sans transférer à ces corps aucune impulsion de mouvement.

Mais d'où est-ce, semble-t-il demander, *que la matière tire son mouvement? De sa propre énergie, elle se mut, non parce qu'un agent extérieur la remue, mais parce qu'elle est matière. Le but de tout mouvement est de conserver l'existence des corps en qui il réside : ainsi le mouvement est essentiel à la matière.* Comme si encore il n'étoit pas contradictoire d'inférer, sur de si futiles raisons, l'annihilation d'un corps mu de la cessation de son mouvement, pour vouloir soutenir qu'il lui est essentiel; d'où il résulteroit que pour créer ce corps lorsqu'il n'existeroit plus, il ne suffiroit que de le mouvoir de nouveau; ce qui ne peut être plus absurde. Voilà pourtant ce que l'Auteur dont je discute les raisonnemens appèle, même page 64, *la théorie du mouvement, qui servira,* ajoute-t-il, *à expliquer la définition philosophique qu'il a donnée du mot nature,* lorsqu'il a dit pag. 36, que *la nature est la matière en mouvement :* ce qui prouve la fausseté de cette définition, par laquelle la nature étant totalement indépendante de Dieu, tout ne seroit en elle que purement matériel; puisque ce seroit faussement supposer que l'ordre et toutes les lois invariables qu'elle suit, ne dérivent que de cette prétendue essence de la matière, et non de Dieu qui en est l'Aauteur.

Il seroit absurde, déclare ce philosophe, pag. 105, *de chercher l'origine du feu élémentaire : puisqu'il existe, il est probable qu'il a toujours existé.* (Je dirai de plus qu'il est certain que ce qu'on appèle feu élémentaire, qui n'a pu passer du néant à l'être, a toujours existé, soit par lui-même, si comme pense l'Auteur il pouvoit être l'élément principe, soit dans ses composés, s'il ne l'est effectivement pas).

Il y auroit de l'inconséquence, à calculer dans quel temps ce feu élémentaire, en se modifiant, a organisé les mondes,... et à se servir des méthodes arbitraires inventées pour calculer les opérations sublimes de la nature. Il me paroît encore moins inconséquent qu'inutile de supputer les opérations de la nature, pour savoir comment les élémens principes ont pu se modifier et former les mondes, lorsqu'il suffit de connoître qu'étant absolument homogènes et passifs, ils n'ont rien fait par eux-mêmes, que tout n'a pu dépendre que des divers genres d'union que Dieu en a faits, et des modifications ou qualités secondaires, dont il les a revêtus sous les formes des corps, pour en opérer l'organisation de l'Univers.

Il y auroit de la témérité, ajoute le même philosophe, *à vouloir deviner par quel mécanisme, l'élément principe s'est modifié, et comment tout étant originairement homogène, tout nous paroît aujourd'hui hétérogène : il est probable que ce seroit un secret pour nous, quand nous aurions douze sens, et par conséquent douze fois plus d'intelligence.* Outre les preuves que j'ai fournies, pages de 166 et suivantes, de l'homogénéité de la matière, et de ses autres qualités inhérentes, il me semble sans témérité, sans avoir douze sens, ni douze fois plus d'intelligence, et quelque difficile qu'en ait paru la solution, qu'on peut encore établir d'une autre manière que je ne l'ai déja fait, que les élémens primitifs sont semblables ou homogènes, et que l'hétérogénéité ou différence spécifique de tous les corps qu'ils constituent, ne proviont que des divers arrangemens, situations ou configurations données à leurs parties constitutives. Par exemple, que dans l'argent et le cuivre, les différentes façons dont leurs élémens sont combinés et arrangés, sont tout ce qui constitue la différence entre ces deux métaux ; car on ne sauroit assigner d'autres diversités réelles entre les corps, que celles qui résultent des dispositions ou configurations qu'ont acquises leurs parties constituantes, dans la multitude d'arrangemens divers que Dieu en a faits, pour en former les différens genres de corps. C'est en vertu de ces seules différences, qu'ils peuvent réfléchir des rayons lumineux de toutes les espèces de couleurs, qui les rendent différemment colorés, et qu'ils peuvent avoir divers degrés de solidité, de fluidité, de dureté, de molesse, de pesanteur ou d'élasticité, etc. Ce n'est aussi que ces mêmes différences qui font, par exemple encore, trouver dans une chrisalide, et les débris d'une chenille et le germe d'un papillon. Or il est de principe qu'on ne doit pas multiplier inutilement les êtres, et comme une seule espèce d'élément suffit pour fonder toutes les diversités qui existent entre les corps, on ne peut raisonnablement pas supposer, que Dieu a eu besoin de différens genres d'élémens primitifs, pour composer toutes les variétés des êtres corporels qui existent dans toute la nature.

Si la chimie, soutient ce philosophe, page 107, *pouvoit décomposer les êtres*, elle pourroit les organiser, si *Becker et Staal* parvenoient à l'élément principe, ils s'en serviroient pour créer des mondes. Ce ne sont que de vaines assertions qu'on nous présente comme des vérités : car quand bien même on parviendroit, par des analyses chimiques, à décomposer les corps les moins réfractaires, jusqu'à parvenir à leurs élémens principes, et à avoir ces élémens dans leur simplicité primitive, on ne pourroit leur donner les milliers d'arrangemens de divers grades, nécessaires à la composition de chaque corps, et quand ce pouvoir suprême de la Divinité nous seroit transmis, cet acte ne seroit jamais une création de substance, encore moins de mondes que nous aurions tirés du néant, non plus que DIEU ne la fait. *Tout est animé dans la nature*, dit-il, pag. 109; *puisque vivre signifie exister, puisqu'il n'y a point d'organisation qui répugne essentiellement à l'idée de l'animalité.* Ce sont de singulières preuves qu'on nous donne là, que tout est animé dans la nature.

nature. Il n'est pas exact de dire que vivre signifie exister. Il n'en renferme tout au plus que l'idée partielle ; parce qu'exister ne signifie pas vivre, ni n'en contient pas la notion, qu'il existe des multitudes de corps bruts qui ne sont pas animés, et qu'une pierre insensible répugne essentiellement à l'idée de l'animalité.

Si le cahos, reprend-il page 149, *étoit homogène, il ne pouvoit y avoir de combat entre les élémens.* (Cela n'est pas douteux, mais de cette homogenéité des élémens que j'ai prouvée, j'infère clairement qu'ils ont de toute éternité existé entr'eux dans un parfait état de repos et de tranquillité passifs, jusqu'au moment où Dieu les en a sortis pour en former les mondes, et pour mettre toute la nature en activité. Or comme l'Auteur conjecture constamment cette homogenéité des élémens principes, que j'ai établie, il en résulte nécessairement contre lui, et de son propre aveu, que le repos et l'inertie leur ont toujours été inhérens. Il est donc faux que le mouvement soit essentiel à la matière, comme il ne cesse vainement de le soutenir.) *Si tout ce que renfermoit le cahos étoit hétérogène, l'hydre des objections acquiert de nouvelles têtes. Quel est le principe d'hétérogénéité ? La nature en se modifiant reçoit-elle des attributs qui se combattent ? Si ces principes destructeurs constituent son essence, comment avant la formation du monde tout n'a-t-il pas été anéanti ?* Quoique rien ne puisse être créé ni anéanti, ce ne seroit pas moins, comme le dit cet Auteur, une hydre d'objections, si je n'avois pas directement prouvé, que la matière élémentaire a été de toute éternité homogène, et si elle avoit pu avoir d'autre principe subséquent d'hétérogenéité que celui que j'ai dévelopé. L'hétérogenéité de cette substance incréée et passive, n'est donc qu'une des nombreuses modifications qu'elle a reçue de Dieu : elle ne lui étoit donc pas inhérente, avant la formation des mondes, non plus que toutes les autres qualités secondaires qu'il lui a déférées ; car si elles lui eussent été essentielles, c'est alors que les élémens principes, agissant aveuglément par eux-mêmes, toute organisation animée et végétante, tout ordre et toute régularité auroient été, non anéantis, mais impossibles.

Ou le mouvement, persévère à dire ce philosophe, page 150, *étoit essentiel à la matière, ou il ne l'étoit pas, dans le premier cas tout s'organise avec régularité; et dans le second, tout forme une masse inerte et sans action. Ainsi, quelque soit l'hypothèse qu'on admette, il n'y a point de cahos.* J'ai déja établi tout l'opposé de ces assertions, page 166. Si le mouvement n'a pas été inhérent aux élémens de la matière, leur désunion a dû toujours nécessairement exister dans leur homogenéité passive et sans action, (sous le nom de cahos ou sous toute autre qualification qui pouvoit leur être mieux appropriée,) jusqu'au moment où Dieu leur a donné la forme des corps et le mouvement, en les assujétissant à l'ordre constant que nous voyons exister dans toute les parties de l'Univers. Si au contraire le mouvement eut été essentiel aux élémens de la matière, leur désunion n'auroit été que désordre et confusion, à moins qu'on ne leur supposât encore toutes les facultés motrices et accélératrices des Péripatéticiens, qui les auroient fait unir et adhérer ensemble. Dans ce dernier cas, il n'en seroit résulté d'autre organisation, que celle de former de tous ces élémens une énorme masse brute et immobile, qui n'auroit été revêtue d'une athmosphère, qu'autant qu'ils eussent eu l'hétérogenéité que nous connoissons aux quatre premiers mixtes. C'est ce que je déveloperai plus amplement, en discutant ci-après l'article Ovide, du dictionnaire critique de Bayle.

J'ai pesé, conclud l'Auteur, tom. 5, pag. 192, *les probabilités qui m'entraînent à croire que le mouvement est essentiel à la matière ; cependant le monde n'est pas* DIEU, *et je suis physicien sans être athée.*

Le mouvement interne de l'élément primitif, n'est pas le seul qu'il possède ; il en est un autre qu'il ne peut avoir, que quand il lui est communiqué ; et c'est dans ce sens que Dieu *est le grand moteur de l'Univers.* Je ne me prévaudrai point de ce qu'à déja affirmé cet estimable philosophe, tome 1, page 60, que *c'est à ce mouvement interne de la matière qu'il faut rapporter tous les phénomènes variés de l'Univers,* pour ne pas me plaire à rendre justice à son théisme, ne voulant inculper, ni lui ni personne, sur un sujet aussi grave ; mais outre la réfutation que j'en ai faite, je ne puis m'empêcher de penser que le sentiment qu'il soutient, sur ce prétendu mouvement essentiel à la matière, n'est qu'une inconséquence qui conduit inévitablement à l'athéisme, dont il apréhende l'inculpation, et que ce sentiment n'a en lui-même aucun fondement : car on ne sait dans quel sens Dieu pourroit ne pas être le *seul* et grand moteur de l'Univers, ni comment un mouvement qui ne seroit qu'interne dans la matière élémentaire, pourroit opérer tous les phénomènes si extrêmement variés de la nature. Si ce mouvement interne, que l'Auteur suppose sans raison être l'apanage de l'élément primitif, n'est pas le seul que possède cet élément de la matière, s'il en existe un autre qu'il ne peut avoir que quand il lui est communiqué, je demanderai pourquoi le premier mouvement, ne lui auroit-il pas été communiqué comme l'autre? ou s'il pouvoit exister deux êtres essentiellement actifs, Dieu et la matière, pourquoi l'élément primitif de celle-ci auroit-il eu besoin d'un mouvement qui lui fut communiqué, lorsqu'il en avoit un qui lui étoit propre? C'est une des nombreuses contradictions qu'on n'expliquera jamais, pour trouver le moindre sens, dans lequel Dieu ne seroit pas le *seul* et grand moteur de l'Univers.

Je ne m'arrêterai point aux argumens de ce philosophe, tome 5, 3me. partie du livre 2, ni à ceux de plusieurs autres Auteurs, qui tachent de contester à Dieu, l'intelligence, la toute-puissance, la sagesse, et tous ses autres attributs ou éminentes perfections, sous prétexte de lui accorder plus que tout cela, sans pouvoir articuler quels sont les autres qualités ou attributs qu'on voudroit lui substituer, et sous la fausse raison que c'est l'assimiler à nous, que de lui attribuer, quoiqu'à un degré infiniment supérieur, les mêmes qualités les plus accomplies de l'homme : parce que toutes ces éminentes perfections de Dieu, si dignes de tous nos hommages, sont la conséquence infaillible des merveilles qu'il a opérées dans la nature, et que nous ne saurions avoir d'autres notions de ses suprêmes qualités, que celles dont nous pouvons nous former l'idée. Mais par cela même que Dieu ne se fait proprement connoître à nous que par ces qualités, que supposent nécessairement en lui ses merveilleux ouvrages, ce seroit vouloir faire méconnoître Dieu que de les lui contester.

SECTION II.

SECONDE QUESTION.

Les mondes doivent-ils durer éternellement ? ou sont-ils périssables et doivent-ils finir un jour ?

C'est ce que je vais examiner, en discutant les raisons que fournit le même philosophe, à l'appui de cette dernière opinion, et en considérant celle que produit Buffon, sur la future destruction de tous les êtres vivans.

L'éternité, dit aussi l'Auteur de la Philosophie de la Nature, tome 1er. page 174, *peut être l'attribut de la matière élémentaire ; mais certainement la matière modifiée*

difiée à une durée qu'on peut soumettre au calcul. La nature existe de tous les temps, et notre Univers, qui a commencé, finira un jour. J'ai déja donné beaucoup de preuves de l'éternité la matière élémentaire, et j'ai aussi démontré que le monde ne pouvoit pas périr; mais l'Univers, ni par conséquent la nature, n'ayant pas été de tous les temps, ne doivent leur existence qu'à Dieu, qui n'a pu former les mondes et les mouvoir, sans les assujétir aux lois invariables de la nature, nécessaires à leur conservation, et il ne résulte pas de ce que l'Univers ainsi que la nature ont commencé, qu'ils soient versatiles, ni périssables, ou que leur durée puisse être calculée, comme sont les produits de l'industrie humaine. Bien loin de cela, il suffit qu'ils soient les ouvrages de Dieu, pour être immuablement réglés et indestructibles, dans leur marche et dans leurs solides perfections; parce que j'ai prouvé, pag. 155, que l'Univers, qui ne sauroit être jamais annihilé, ne pourroit même périr que par l'effet de la toute-puissance qui l'a édifié, et à qui il répugneroit essentiellement de renverser son propre ouvrage. Mais ce philosophe n'attaque les fausses raisons, par lesquelles les prêtres et quelques physiciens ou astronomes ont voulu nous effrayer, sur la prétendue fin du monde, ou sur son dérangement proprement dit, que pour y substituer les siennes, qui ne me paroissent pas mieux fondées que les autres.

Au reste, ajoute-t-il, page 194, en prenant pour exemple le globe que nous habitons, *il renferme en lui-même plus d'un principe de dissolution, et il est inutile de recourir à des queues de comètes pour accélérer sa ruine ou son renouvellement. D'abord plus un être est actif, et plus il s'use par le frottement; dans ce sens la terre, à qui l'astronomie à découvert trois mouvemens, doit avoir moins de durée que le soleil, qui ne tourne que sur son axe, ou que les autres planètes de son système, qui ayant deux mouvemens, n'ont pas celui de la précession des équinoxes. L'humide radical qui sert à la fécondité du globe, semble aller toujours en se desséchant, et quand il cessera de produire, il faut bien qu'il cesse d'être planète.* Il me paroît cependant que la terre, sur laquelle il fonde son assertion, de la future destruction de l'Univers, n'a pas plus de principe de dissolution, que ne peut en avoir le soleil qu'il lui compare, et qui supporte un frottement d'une toute autre importance qu'elle, non plus que n'en a aucune autre planète, quand même quelqu'une de celles-ci pourroit avoir de moins le mouvement de la précession des équinoxes, qui s'effectue avec une si extrême lenteur, qu'il reconnoît lui-même, d'après nos meilleurs astronomes, que l'entière révolution ne se termineroit pour notre globe, qu'en 25,900 ans; ce qui ne peut influer d'aucune manière sur sa dissolution; tandis que la terre n'ayant à son entour que la lune pour satellite, ne sert pas, comme le soleil, de pivot à tout le rouage du mouvement de notre Univers, ni n'a point en propre le principe destructeur du feu, qui par une extrême évaporation, atténueroit sensiblement la masse embrâsée du soleil, si rien dans la nature pouvoit jamais se déranger, se perdre ou s'anéantir. C'est la raison pourquoi l'humide radical, qui sert à la fécondité de notre globe, ne peut aller en diminuant, comme le suppose ce philosophe, ni s'exhaler en vapeurs, qu'il ne lui soit restitué en pluie.

Je ne parle point, ajoute-t-il, *de notre athmosphère, qui se trouvant sans cesse chargée de nître, de sel et de souffre, amène les météores ignés, les tourbillons et les tempêtes ; je laisse l'action insensible de l'océan contre les terres, j'abandonne même le parti que je pourrois tirer de l'irruption des volcans, et des affreux tremblemens de terre, qui ont de temps en temps changé les villes en déserts : tous ces fléaux ne méritent pas l'attention du physicien, qui étudie la durée du monde, parce qu'ils n'en dégradent que la surface.* Quelque soit l'étude que ce physicien ait cru faire sur la durée du monde, et les hypothèses de Buffon, qu'il paroît avoir pris pour modèle, sur celle des êtres animés et végétans qui en font l'ornement, je demanderai quel avantage auroit-il pu tirer, pour bonnifier sa cause, de la prétendue dégradation de la surface de notre globe, s'il n'avoit pas dû appercevoir qu'elle n'est que fictive ? Car on ne peut pas dire que la terre en soit moins fertile, ni affirmer qu'il y a de nos jours moins de champs cultivés, et par conséquent moins de population que dans la plus haute antiquité; puisque leur gradation a toujours suivi, à peu de chose près, les progrès des lumières et de l'industrie des hommes, toujours croissans ou en disposition de croître.

L'Auteur ne se borne pas à ces principes, selon lui, de la dissolution de notre globe, il en joint un autre, moins fondé encore, en disant vaguement, page 196, que *de toutes les hypothèses sur la durée de notre monde, celle qui se concilie le mieux avec la raison*, est sans doute celle qui ne le décompose que par *l'action du feu principe, qui a servi à sa composition.* Comme il n'en étaye l'assertion sur rien, et qu'il en contredit même l'affirmation, en ajoutant que *nous n'en avons pas encore assez de connoissance pour en parler avec exactitude*, je me dispenserai de m'arrêter sur une notion aussi vague, que celle de cette décomposition de notre monde par l'action du feu ; mais à cette occasion, je ne passerai pas sous le même silence l'assertion contraire, de ceux qui annoncent par le froid la finale destruction de la nature vivante, sur laquelle opinion Buffon a dévelopé toutes les forces de son génie pour en fonder l'hypothèse.

L'exemple de la comète de 1680 qui, dans son périhélie, s'est approchée du soleil jusqu'à environ le $\frac{1}{6}^{me}$. du diamètre de ce globe lumineux, et qui d'après Newton en a éprouvé une chaleur 2000 fois plus forte, que celle d'un boullet de canon rougi au feu ; cet exemple, dis-je, a fourni au Pline Français une idée de la formation de la terre et des autres planètes de notre système. Il a pensé qu'une comète s'est assez approchée du soleil pour en silloner la surface, et lui enlever la $\frac{1}{650}^{me}$. partie de sa masse enflammée, en diverses portions, qui par cette impulsion s'en sont éloignées, à raison de leur différentes densités, jusqu'aux mêmes distances où nous voyons Mercure, Venus, la Terre, Mars, Jupiter et Saturne, faire leurs révolutions au tour de lui; de manière que ces planètes enflammées et en fusion, ainsi que leurs satellites, se sont par dégré éteintes, successivement refroidies, au terme modéré de comporter l'existence des êtres animés et végétans qui y ont été produits, et de manière aussi qu'elles finiront de se refroidir au point d'y faire périr tous les mêmes êtres. Mais ce n'est pour la terre qu'après avoir parcouru la période de 74,832 ans, depuis sa sortie du soleil jusqu'à nos jours, et celle de 93,291 ans, que la nature animée et végétante a encore à y vivre, avant d'être totalement détruite par le froid. C'est ce qu'il a supputé être déja le cas des êtres qui habitoient Mars, la Lune et le 5me satellite de Saturne, et ce que des temps plus ou moins éloignés préparent pour les habitans des autres planètes, ainsi que pour ceux de leurs satellites.

Ce célèbre naturaliste en a appuyé les assertions, par une foule d'expériences faites sur le refroidissement des corps rougis au feu, et par d'autres suppositions, ainsi que par des calculs très-artistement faits. Il seroit toutefois nécessaire de les discuter et approfondir, s'ils n'étoient pas tous établis sur la première hypothèse, de l'enlèvement fait par le choc d'une comète de diverses parties de la masse du soleil, supposées être nos planètes et satellites qui, formant à différentes distances leurs révolutions au tour de lui, se sont rendues habitables par leur refroidissement, et si cette hypothèse n'étoit pas formellement contraire à la théorie des courbes, que dérivent tous les corps de notre Univers au tour de leur centre

centre d'attraction. Cette théorie lumineuse, qui sert de fondement à toutes les connoissances astronomiques, fixe invariablement la moyenne excentricité de l'orbite que parcourt chaque planète, satellite ou comète dans ses révolutions ; excentricité très-bornée dans les premières, et extrêmement étendue dans les comètes.

Mais si l'on suppose avec Buffon, que toutes les planètes principales et secondaires de notre Univers, ont été détachées du globe du soleil, et ont été transportées par le choc d'une comète, à quelques distances que ce soit, pour se refroidir successivement dans leurs révolutions au tour de lui, ce ne sera jamais qu'une hypothèse d'autant plus vaine, qu'elle ne concorde point avec les principaux phénomènes astronomiques, quelque ingénieuse qu'elle soit sous la plume brillante de ce philosophe, et quoiqu'il en ait fait la base de ses *Epoques de la nature*.

En effet, dans cette hypothèse, l'excentricité de la courbe de chacune de ces planètes, au lieu d'être très-bornée, surpasseroit considérablement celle de toutes les comètes connues, et seroit même la plus grande possible : car d'après la théorie des courbes que décrivent dans leur marche tous les corps célestes et qui, comme je l'ai dit, détermine invariablement leur moyenne excentricité, il seroit indispensable qu'à chaque révolution périodique, que font toutes les planètes et leur satellites au tour du soleil, elles y fussent si fort ramenées, ainsi que leur comète fondatrice, qu'elle en rasassent la surface, d'où elles auroient été enlevées, et qu'elles se maintinsent constamment en fusion, par l'extrême chaleur qu'elles en éprouveroient de nouveau, toutes les fois qu'elles parviennent à leur périhélie, ou leur plus grande proximité de cet astre ; sans que jamais la terre, ni aucune autre planète, ni satellite de notre Univers, eussent pu devenir habitables.

LIVRE SECOND.

CHAPITRE VI.

Considération sur divers articles du dictionnaire historique et critique de Bayle, responsive aux objections de ce philosophe contre l'éternité de la Matière, et aux fortes inductions que les Matérialistes y puisent sans cesse en faveur de l'Athéisme.

J'ai maintenant à répondre aux grandes objections que Bayle a rassemblées, dans son dictionnaire critique, contre l'éternité de la matière; mais la manière claire et directe dont j'espère lever toutes les difficultés qu'elles présentent, ne pourra, je pense, qu'en conduire l'évidence à son plus haut degré, et fera facilement juger que ce grand dialecticien, auroit pu en accumuler de considérablement plus redoutables et mieux fondées contre la création, s'il avoit osé porter son scepticisme sur cette prétendue origine de toutes choses, comme il a fait sur tous les objets les plus essentiels, et s'il n'avoit, peut-être, pas craint de porter à l'extrême le déchaînement de ses adversaires et ennemis qui, non contens de lui faire ôter la chaire de philosophie qu'il remplissoit si dignement, ont livré à une lutte continuelle toutes les dernières années de sa vie. C'est pourquoi il est probable, qu'en argumentant contre l'éternité de la matière, il se soit tout autant gardé d'établir l'hypothèse de la création, qu'il sembloit vouloir soutenir, que de la défendre d'aucune des nombreuses absurdités et contradictions insolubles qu'elle réunit en elle-même; pendant qu'on pourroit penser en faveur de sa gloire, qu'il n'a eu l'intention que de faire prendre le change, sur ce qu'il pouvoit intérieurement penser à ce sujet.

Aussi Bayle se borne-t-il uniquement à rassembler toutes les objections, qu'un aussi fertile critique que lui a pu trouver contre l'éternité de la matière, qu'a unanimement cru toute l'antiquité. Je vais en examiner les argumens, qui ont principalement formé l'assentiment de tous les philosophes modernes, en faveur du nouveau systême de la création : car la plupart de ces objections frappent d'autant plus, que Bayle a eu le talent de les prêter aux mêmes philosophes de l'antiquité, qui croyoient le plus invariablement à cette éternité de la matière, soit qu'ils admissent ou non la providence et la toute-puissance de Dieu, mais sur-tout les objections qui attaquent le plus directement cette même providence Divine, et dont j'aurai sous ce dernier aspect, à démontrer aussi le faux.

SECTION PREMIÈRE.

Examen de l'artticle ANAXAGORAS, *note G, art.* 6, *du Dictionnaire critique de* BAYLE.

JE *ne demande point à Anaxagoras*, dit Bayle, *pourquoi l'Intelligence* (Suprême) *qu'il a reconnue, a laissé les homœmeries ou homogenéités dans la confusion pendant toute l'éternité, ni d'où vient qu'elle s'est avisée si tard de les mouvoir, et de les unir, ni pourquoi il nie que de rien on puisse produire quelque chose, lui qui avoue que le mouvement a commencé.* Sans pouvoir raisonnablement adopter d'hétérogenéité primitive, dont j'ai prouvé l'inexistence pages 166 et 266, ni sans adopter aucune différence entre toutes les prétendues homogenéités qu'Anaxagoras attribuoit originellement aux élémens de la matière, il me suffit de dire, au sujet des deux premières questions de Bayle, que Dieu a très-bien pu ne réunir et former, mouvoir et organiser ces élémens de la matière universelle, qui composoient le cahos, qu'à l'instant précis où il l'avoit prédestiné de toute éternité. Il a pu s'abstenir dans tous les temps antérieurs d'en produire les mondes, pour qu'on ne les crut pas éternels comme lui, et qu'on n'ignorât pas qu'ils fussent son ouvrage, ou pour quelques autres motifs plus puissans encore, puisés dans sa profonde sagesse, qu'il ne nous est pas permis de pénétrer. A l'égard de l'autre question de Bayle, pourquoi on nie que de rien on puisse produire quelque chose, lorsqu'on convient que le mouvement a commencé, je répondrai qu'il est déja assez prouvé, que de rien il n'a jamais pu être fait quelque chose, pour qu'il soit nécessaire d'y revenir; et que le mouvement communiqué à la matière, qu'on voudroit opposer à cette impossibilité, n'est pas une création faite de rien; puisque n'étant que l'effet d'une force essentiellement active qui le produit, il ne forme que le transport successif des objets d'un lieu à d'autres lieux, qui ne peut dater que de l'origine du monde, et de l'instant de la formation des mêmes objets.

Ces trois objections, continue-t-il, *et quelques autres, embarrassent étrangement tous ceux qui admettent une matière éternelle, incréée et distincte de l'Etre Divin; mais comme ce sont des difficultés qu'on peut alléguer, aussi bien contre d'autres philosophes, que contre Anaxagoras, il ne seroit pas à propos de s'y arrêter.* Il est inutile de tenir compte à Bayle de ce prétendu ménagement, en faveur des autres philosophes dont il entend parler; puisqu'on vient de voir combien les trois objetions, qu'il juge si difficiles à résoudre, sont peu embarrassantes. *J'éclaircirai seulement*, ajoute-t-il, *un peu la dernière. Il est certain que la production d'une qualité distincte de son sujet, ne diffère point d'une vraie*

vraie création. C'est ce que les philosophes modernes prouvent démonstrativement aux Aristoliens.

Nulle autorité, quelque respectable qu'elle soit, ne peut en imposer à la raison, lorsque les prétendues preuves démonstratives qu'on lui oppose, confondent les notions les plus claires, ainsi que le font ici le Sceptique Bayle et les philosophes modernes, en voulant toujours, sous ce faux et pernicieux principe de similitude, assimiler et confondre deux opérations aussi diamètralement opposées entr'elles, que la production et la création de la matière, qui favorisant l'athéisme, fait réjaillir sur Dieu et sur la formation du monde, toute la défaveur et l'absurdité de la création qu'on veut lui attribuer; ce qui, encore une fois, ne paroît que trop justifier la grande persuasion où étoit J. J. Rousseau, qu'ils ne travailloient tous qu'à assurer le règne universel de l'athéisme, qu'ils ont rendu inévitable. Ces deux opérations diffèrent néanmoins essentiellement l'une de l'autre : car pour effectuer dans la matière le mouvement, les formes, productions, ou tous autres accidens ou modifications, Dieu n'a eu besoin que d'agir sur elle; mais jamais sur le néant, comme il auroit été nécessaire, pour procéder à la création propre de la matière; parce que si elle n'eut pas existé de toute éternité, il s'ensuivroit des preuves multipliées que j'ai données, de la contradiction et de l'impossibilité de sa création, qu'elle n'existeroit pas encore, ni ne sauroit exister, et qu'enfin ce seroit le comble de l'absurdité de penser, que Dieu puisse jamais être jaloux qu'on lui attribue une pareille chimère, mais plus encore, qu'on en fasse la base des preuves de sa toute-puissance.

C'est, est-il déja dit, *ce que les philosophes modernes prouvent démonstrativement aux Aristotéliens, qui admettent une infinité de formes substantielles et accidentelles, distinctes de la matière ; car puisqu'elles ne sont composées d'aucun sujet préexis-*

tant, il s'ensuit qu'elles sont faites de rien. La meilleure réponse que puissent faire les sectateurs d'Aristote, est de rétorquer cette objection, et de dire, que les Cartésiens sont donc obligés de reconnoître que le mouvement ne se peut produire que par création. Les Cartésiens avouent cette conséquence ; ils n'attribuent qu'à Dieu la production du mouvement, et ils disent que mouvoir la matière, n'est autre chose que la créer dans chaque moment en différens lieux. Concluez de tout ceci, qu'Anaxagoras et plusieurs autres se contredisoient, lorsque d'un côté ils ne vouloient pas admettre que de rien on peut faire quelque chose, et qu'ils avouoient de l'autre, que le mouvement ou quelqu'autre modification, avoit commencé dans le cahos éternel.

C'est bien évidemment vouloir soutenir une absurdité par une plus grande encore. On fait bien, sans doute, de n'attribuer qu'à Dieu le principe de tout mouvement, ou de toutes autres modifications de la substance matérielle, comme le faisoit Anaxagoras ; mais il résulteroit de la fausse notion qu'on nous donne ici du mouvement, et qu'on étend aux autres modifications de la matière, que lorsque, faisant usage des facultés que nous tenons de cet Etre-Suprême, nous mouvons les corps qui nous environnent, nous jouissons alors de la pleine puissance de créer et d'anéantir alternativement ces corps matériels, à chaque instant, et à chaque point inombrables de la ligne d'impulsion que notre volonté leur fait parcourir; ce qui prouve très-fortement, à quel excès de déraison l'abus de l'esprit peut quelquefois conduire les hommes, qui ont le plus de talens et de lumières, et combien Bayle est peu fondé, malgré la grande suppériorité des siens, dans la conclusion qu'il en tire, qu'*Anaxagoras et plusieurs autres se contredisoient, lorsque d'un côté ils ne vouloient pas admettre que de rien on peut faire quelque chose, et qu'ils avouoient de l'autre, que le mouvement ou quelqu'autre modification avoit commencé dans le cahos éternel.*

SECTION II.

EXAMEN *de l'article* HIEROCLES, *note A, du même Dictionnaire de* BAYLE.

HIEROCLES *réfuta très-solidement,* affirme Bayle, *les Platoniciens qui assuroient que* DIEU, *opérant de toute éternité, par sa puissance et par sa sagesse, ne seroit pas capable de former un monde sans le concours d'une matière incréée. Ils disoient donc qu'il n'avoit produit les choses qu'avec la coopération d'une matière, dont l'existence ne dépendoit point de lui ; toutes choses, ajoutoient-ils, étoient contenues en puissance dans cette matière.* DIEU *n'a fait que les en tirer, et les arranger.* Hierocles *raisonna avec beaucoup de jugement contre cette supposition.* Hierocles fut très-fondé, sans doute, à combattre cette notion, de toutes choses contenues en puissance dans la matière universelle, pour coopérer activement avec Dieu dans la formation du monde, au lieu que dans cette formation de toutes choses, la matière n'a fait que recevoir, par sa propre inertie, toute l'action qu'il a plu à Dieu d'exercer sur elle ; parce que nul être privé d'intelligence et de volonté, ne peut être en lui-même supposé actif, et que si nous ne pouvons d'aucune manière concevoir l'opération de créer, dont j'ai d'ailleurs démontré la contradiction et l'impossibilité, nous ne saurions non plus concevoir dans la matière incréée, qu'une existence inerte et passive, qu'une existence dénuée de toutes les facultés actives, qui eussent pu mettre aucun obstacle à l'action, que la toute-puissance Divine a exercée sur elle, pour effectuer cette formation de l'Univers. Mais quoiqu'en dise

Bayle, je vais faire voir, que Hierocles n'a eu raison qu'en cela seul, contre les Platoniciens, qui soutenoient, comme toute l'antiquité, l'éternelle existence, ou incréation de la matière.

Il dit, continue Bayle, *qu'un tel ouvrage de* Dieu *ne seroit pas tant une marque de sa bonté, que l'effet d'une diligence superflue; car pourquoi s'efforceroit-il d'arranger ce qu'il n'a pas fait?* (Je dirai que c'est, parce qu'il en a la toute-puissance, et qu'il n'a eu besoin pour le faire, que du simple acte de sa volonté, qui bien au contraire a tout fait, et tout opéré dans la nature, mais n'a rien créé). *Le bon ordre ne se trouve-t-il pas assez en ce qu'un être subsiste éternellement par lui-même? Tout ce qui survient à un tel être, n'est-il pas hors de sa nature? N'est-ce point par conséquent un défaut?* (Un Platonicien auroit pu être frappé de la force de ce raisonnement, et n'auroit pu répondre aux questions d'Hierocles, s'il ne lui avoit pas victorieusement fait observer, qu'excepté l'existence que Dieu ne pouvoit, ni donner, ni ôter à la matière préexistante de toute éternité, et dont il avoit besoin, pour l'accomplissement de toutes les merveilles qu'il a effectuées, il n'est d'autre bon ordre, que celui que l'Auteur de la nature entière, a invariablement établi par sa sagesse et par sa bienfaisance; d'où l'on voit, combien Hierocles a eu tort de conclure de là, malgré toute la raison que lui en donne Bayle, que *Dieu n'auroit pu commencer son ouvrage que par une mauvaise action; savoir, par l'entreprise de dépouiller de son état naturel, une substance incréée aussi bien que lui, et sa propre sœur;* puisque, outre l'indécence de cette comparaison, nous ne pouvons attribuer à la matière, lorsqu'elle étoit dénuée de toutes les modifications qui l'ont embélie, d'autre essence ou état qui lui soit inhérent, que l'existence éternelle et passive, dont elle n'a pu être dépouillée, non plus que des vices qui lui sont inséparables, et qui n'influent que trop sur

notre

notre débile humanité. Nous ne pouvons non plus supposer à ses élémens primitivement homogènes, d'autres attributs qui leur fussent propres, que l'étendue, la fixité, et l'impénétrabilité qu'ils ont dû conserver aussi ; et toutes les perfections contingentes de formes, modifications, etc. qu'ils ont acquises lors de la production de l'Univers, ne sont que des faveurs qui sont dues à la Divinité. *Ce sont*, termine cependant Bayle, *des raisons si fortes que toute personne qui les aura bien pesées, et qui s'intéressera à la gloire de Platon, tâchera de faire voir qu'il n'a point admis deux principes collatéraux, éternels et indépendans l'un de l'autre,* Dieu *et la matière. Voilà sans doute, ce qui fit que notre Hierocles lui attribua le dogme de la création proprement dite, que je me persuade qu'il avoit lu dans les écrits des Chrétiens.*

Bien loin que la gloire de Platon puisse recevoir la moindre atteinte, de la doctrine des deux principes coéternels, et indépendans l'un de l'autre quant à l'existence, mais l'un souverainement actif et l'autre complètement passif, comme je l'ai prouvé dans la première section du chapitre précédent, elle lui fait incomparablement plus d'honneur, que s'il avoit admis le faux dogme de la création proprement dite, que j'ai, ce me semble, totalement réfuté, et qu'on veut gratuitement lui attribuer, au mépris de la même gloire qu'il s'est si justement acquise.

SECTION III.

Examen de l'Article Epicure, *du Dictionnaire de* Bayle, *note* R, *troisième édition.*

L'impiété d'Epicure, dit Bayle, note R, couloit naturellement de l'existence éternelle de la matière... Il n'y a point de dispute entre les physiciens du paganisme sur la question, si quelque chose avoit été faite de rien, ils convinrent tous que cela étoit impossible.... Or je dis que cette impiété une fois posée, que Dieu n'est point le créateur de la matière, il est moins absurde de soutenir, comme faisoient les Epi-

curiens, que Dieu *n'étoit pas l'Auteur du monde, et qu'il ne se mêloit pas de le conduire, que de soutenir, comme faisoient plusieurs autres philosophes, qu'il l'avoit formé, qu'il le conservoit et qu'il en étoit le Directeur ; c'étoit une vérité intreuse, mais inconséquente, elle n'entroit point dans leur systéme par la porte, elle y entroit par la fenêtre. Ils se trouvoient dans le bon chemin, parce qu'ils s'étoient égarés de la route qu'ils avoient prise au commencement... Pour déveloper tout ceci, je dois établir d'abord ce fondement, que selon le systéme de tous les philosophes payens qui croyoient un* Dieu, *il y avoit un être éternel et incréé, distinct de* Dieu, *c'étoit la matière. Cet être ne devoit son existence qu'à sa propre nature. Il ne dépendoit d'aucune autre cause, ni quand à son essence, ni quand à son existence, ni quand à ses attributs et à ses propriétés. On n'a donc pu dire, sans choquer les lois et les idées de l'ordre, qui sont la règle de nos jugemens et de nos raisonnemens, qu'un autre être a exercé sur* la matière un si grand empire, qu'il l'a tout à fait changée; et par conséquent, ceux qui ont dit que la matière, ayant existé par elle-même éternellement, sans être un monde, a commencé à être un monde, lorsque Dieu s'est appliqué à la mouvoir en cent façons différentes, à la condenser en un lieu, à la raréfier en un autre, etc. ont avancé une doctrine qui choque les notions les plus exactes, à quoi l'on soit tenu de se conformer en philosophant.

C'est ce qu'il met en fait, et qu'il a à démontrer; mais sans me dispenser de discuter ses raisonnemens, je réponds d'avance à tout ce qu'il peut alléguer, que si la matière informe et passive, étendue et impénétrable existe de toute éternité, qu'elle ne doive son existence qu'à elle-même, et qu'à ce seul égard elle ne dépende d'aucune autre cause, elle ne doit nécessairement qu'à Dieu toutes les autres manières d'être, modifications ou qualités contingentes et secondaires dont elle est revêtue, comme je l'ai établi pages 166 et suivantes, et il n'est contraire, ni aux lois et aux idées de l'ordre, ni à aucune règle de nos jugemens et de nos raisonnemens, que cet Etre essentiellement actif et tout-puissant, n'ait eu la faculté, non de la créer, comme il ne peut l'anéantir, mais d'exercer sur elle, à l'époque où il l'avoit déterminé de toute éternité, un tel empire à pouvoir opérer en elle toutes les modifications inombrables, qu'il a jugé nécessaires pour en construire l'Univers, en le faisant d'une manière infiniment supérieure, à celle dont un simple architecte édifie un palais, avec les matériaux tous formés qu'il trouve sous ses mains.

Si Epicure, continue Bayle, *avoit ainsi questionné un Platonicien : dites-moi, je vous prie, de quel droit* DIEU *a ôté à la matière l'état où elle avoit subsisté éternellement ? Quel est son titre ? D'où lui vient sa commission pour faire cette réforme ? Qu'auroit-on pu lui répondre ? En eut-on fondé le titre sur la force supérieure dont* DIEU *se trouvoit doué ? Mais en ce cas-*

là ne l'eut-on pas fait agir selon la loi du plus fort, et à la manière de ces conquérans usurpateurs, dont la conduite est manifestement opposée au droit, et que la raison et les idées de l'ordre nous fait trouver condamnables ? Eut-on dit que Dieu étant plus parfait que la matière, il étoit juste qu'il la soumit à son empire ? Mais cela même n'est pas conforme aux idées de la raison. Le plus excellent personnage d'une ville, n'est pas en droit de s'en rendre maître, et il ne peut y dominer légitimement, à moins qu'on ne lui confère l'autorité. En un mot, nous ne connoissons point d'autre titre légitime de domination que celui que peuvent conférer la qualité de cause, ou la qualité de bienfaiteur, ou la soumission volontaire, etc. Or rien de tout cela n'a lieu entre une matière incréée et la nature Divine. Il faut donc conclure que, sans violer les lois de l'ordre, Dieu ne pourroit se rendre maître de cette matière pour en disposer à sa fantaisie.

Je demanderai pour toute réponse à ce

qui précède, ce que peut avoir de commun l'action de l'Etre-Suprême sur la matière préexistante, qui a opéré de son cahos la formation des mondes et de toutes leurs merveilles, avec la conduite du personnage d'une ville, qui se rendroit maître de tous ses concitoyens, ou avec celle encore plus condamnable d'un conquérant usurpateur, qui asserviroit la liberté des autres hommes. Je demanderai aussi, en prenant le soin de défendre, contre Bayle, le déisme de Platon et de ses disciples, qu'il met si constamment aux prises avec l'athéisme d'Epicure, au grand désavantage des premiers, sur quel droit et à quel titre, la matière inerte et passive n'auroit-elle pas pu être l'objet de la toute-puissance Divine, et s'il peut y avoir une meilleure preuve de l'existence d'un formateur et administrateur de l'Univers, que la même inertie que nous sommes forcés de reconnoître, de toute éternité, à la matière première dont il est composé? Je demanderai enfin, si ce n'est pas à l'exemple de tous les athées, faire de cette substance matérielle un être moral, doué de l'intelligence et de toutes les autres facultés actives, dont on la sait essentiellement privée, que d'en faire le sujet des comparaisons choquantes dont il est question; ou de toutes autres semblables, afin d'en conclure que l'Etre souverainement bon et parfait, a commis en cela une injustice contre l'inertie, essentiellement inhérente à la matière dont il s'est servi ?

Un Platonicien, poursuit Bayle, *qu'on presseroit de la sorte, se verroit contraint de dire que* Dieu *n'exerça son pouvoir sur la matière que par un principe de bonté.* Dieu, *diroit-il, connoissoit parfaitement ces deux choses: l'une qu'il ne feroit rien contre le gré de la matière en la soumettant à son empire; car ne sentant rien, elle n'étoit point capable de se fâcher de la perte de son indépendance; l'autre qu'elle étoit dans un état de confusion et d'imperfection, un amas informe de matériaux, dont on pouvoit faire un excellent édifice, et dont quelques-uns pouvoient être* convertis en des corps vivans et en des substances pensantes ; il voulut donc communiquer à la matière un état plus beau et plus noble que celui où elle étoit... Mais il me semble qu'Epicure ne demanderoit pas mieux que de voir réduire à ces termes-là cette controverse. Il auroit beaucoup de difficultés à proposer. Sans admettre, comme l'a de même soutenu Locke, quoique le plus circonspect des philosophes à tous autres égards, la possibilité si complètement favorable à l'athéisme, de cette conversion incompatible de la matière, étendue et divisible jusque dans ses derniers élémens, en substances pensantes, dont l'inétendue et l'indivisibilité seroient si manifestes, quand Bayle même *, et quelques autres Auteurs ne les auroient pas déja incontestablement prouvées, j'examinerai les unes après les autres ces difficultés qu'Epicure, selon Bayle, pouvoit

---

* Voyez nommément l'article Lucipe, note E, de son dictionnaire critique.

opposer à ce qui précède, et l'on jugera s'il n'aura pas été aisé de les résoudre entièrement, quelque embarrassantes que les suppose ce grand critique. Mais auparavant il est nécessaire de donner quelques éclaircissemens, sur ce que je viens d'avancer.

Je dis que la possibilité supposée, de convertir la matière en substances pensantes, favoriseroit beaucoup l'athéisme ; parce que si on soutient, comme Locke, qu'il y a assez de compatibilité entre la matière et la pensée, pour croire que Dieu, qui ne sauroit allier les qualités contradictoires, ait néanmoins pu faire que la matière pensât, les athées peuvent également affirmer, ainsi qu'ils le font, que la matière est pensante par elle-même, qu'étant par conséquent intrinsèquement active, toutes les choses corporelles ont pu, sans le concours de la Divinité, s'être formées et organisées, produites et mues, avec ordre et intelligence, ainsi que nous les voyons subsister dans l'Univers, que Dieu n'existe pas ou n'est qu'un être inutile, que l'ame n'est pas distincte de la matière, qu'elle est corruptible comme elle, etc. : car l'on ne peut détruire la série de toutes ces assertions du matérialisme, que par les preuves de l'inétendue et de l'indivisibilité de la pensée, qui impliquent formellement contradiction avec l'étendue et la divisibilité des êtres corporels.

J'ai dit aussi que l'inétendue et l'indivisibilité de l'être pensant sont manifestes. C'est ce que tous les phénomènes de la pensée constatent unanimement : car toutes les perceptions de notre ame, ne sont que des composés d'une multitude de petites actions ou impressions qu'elle éprouve, par l'entremise des sens, à la présence des objets extérieurs, ou par la réminiscence qu'elle en conserve. Prenant pour exemple la sensation de la vue, à l'aspect d'une immense campagne plus ou moins variée, on trouvera qu'elle n'est que la réunion des impressions inombrables, produites par tous les objets qu'elle renferme, et qui venant frapper la rétine de notre œil, en transmettent la perception à l'ame. La perception n'est donc proprement que la réunion de cette multitude d'actions qui s'opèrent dans un centre unique et indivisible, auquel elles se rapportent toutes. Il en est de même des exemples que fournissent nos autres sens, à-la-fois ou séparément, à la présence aussi des objets, et par lesquels se transmettent à l'ame toutes les autres perceptions que nous éprouvons. La seule réflexion sur ce que nous appercevons alors, nous prouve, que tous ces objets influeroient inutilement sur les organes de nos sens, si l'ame n'étoit pas ce centre indivisible, si elle n'en prenoit pas connoissance, et si elle n'en formoit pas la perception. C'est donc elle seule qui nous fait connoître dans la sensation de la vue, que la perception de cette multitude d'actions ou impressions s'adapte à quelques objets individuels, auxquels elle en applique l'ensemble, et dans la réunion de toutes nos sensations relatives à une même chose, elle nous fait pareillement appercevoir, que l'objet que nous voyons, est le même que nous touchons, est le même que nous flairons, etc. Mais comment pourrions-nous juger que ces diverses sensations si dissemblables entr'elles, que nous donnent nos cinq sens, ne partent pas de tout autant d'objets différens, si les perceptions ne s'en faisoient pas dans un être simple et indivisible, auquel ces diverses sensations viennent aussi se réunir ; qui les compare et qui juge si elles partent ou non d'un même objet ; parce que si elles se rapportoient à diverses parties qu'on supposeroit à l'entendement, l'ame les attribueroit nécessairement, non à un seul et même objet, mais à tout autant d'objets différens qu'elle apperçoit de sensations diverses ; ce qui prouve indubitablement que l'être pensant est essentiellement indivisible et inétendu.

Examinons à présent, l'une après l'autre, toutes les difficultés que Bayle prête à Epicure, et qu'il juge si difficiles à résoudre, afin de voir si on ne peut pas aisément y parvenir.

I. *Il demanderoit en premier lieu*, dit ce philosophe, *s'il peut y avoir un état plus convenable à une chose que celui où elle* (la matière) *a toujours été, et où sa propre nature et la nécessité de son existence l'ont mise éternellement? Une telle condition n'est-elle pas la plus naturelle qui se puisse imaginer? Ce que la nature des choses, ce que la nécessité à laquelle tout ce qui existe de soi-même doit son existence, a réglé et déterminé, peut-il avoir besoin de quelque réforme? Ne doit-il pas durer nécessairement une éternité, et n'est-ce pas une preuve que toute réforme viendroit trop tard, et seroit par conséquent incompatible avec la sagesse du réformateur.*

Le Platonicien ainsi questionné, n'auroit-il pas d'abord pu répondre victorieusement à ces difficultés, que la nécessaire et propre existence éternelle de la matière, ne pouvant être troublée ou interrompue par quoi que ce soit, n'a pu l'être non plus, par les modifications innombrables qui l'ont embellie dès l'origine des choses, et qui en multipliant, pour ainsi dire, son existence et ses manières d'être, en ont formé toutes les merveilles que nous distinguons sur la terre et dans l'étendue des cieux ? N'auroit-il pas pu ensuite ajouter, avec non moins de succès, que rien ne pouvoit être plus convenable, ni plus avantageux, vu l'état informe où la matière avoit toujours précédamment été; puisqu'alors n'étant ni air, ni eau, ni terre, ni feu, comme je l'ai prouvé de différentes manières, pages 166 et 266, elle ne pouvoit être convenable à quoi que ce fut, ni ressembler à rien de ce que nous appercevons, et que si les perfections qui lui ont été déférées, n'ont pu totalement détruire, ni effacer les vices ou défectuosités qui lui sont restés, et qu'on lui reconnoît généralement, c'est parce que formant son essence, ils sont inhérens à sa propre constitution intérieure, et qu'ils tiennent indubitablement de la nécessité et perpétuité de son existence, sans lesquels

quels elle ne sauroit être ? Le Platonicien auroit encore pu répondre, que s'il étoit possible, et non absurde et contradictoire, de supposer que Dieu a créé la matière, il faudroit nécessairement reconnoître qu'il n'a pu étendre sa puissance et sa suprême bonté, jusques à en réformer les imperfections, par la forte raison qu'il ne l'a pas fait; ce qui seul y auroit mis des bornes, que n'a pu avoir établies la *sage incapacité* où il est, de rien faire qui implique contradiction.

II. *Mais supposons la maxime, il vaut mieux tard que jamais*, præstat serò quam nunquam, *comment fera ce réformateur pour changer l'état et la condition de la matière ? Ne faudra-t-il pas qu'il y produise le mouvement ? Et pour cela ne faudra-t-il pas qu'il la touche et qu'il la pousse*. En faisant ici usage du plus fort argument que les athées aient jamais pu opposer à la puissance, et conséquemment à l'extrême certitude de l'existence de Dieu, qu'il me soit d'abord permis de dire, que le Sceptique Bayle est d'autant plus mal fondé à s'en servir, à l'appui de la thèse qu'il a mise en fait en tête de sa note, contre l'existence éternelle de la matière, qu'il frappe également contre la formation, et contre la création du monde, qu'il semble vouloir soutenir par tous ses raisonnemens. Mais la réponse qui satisfait complètement à cette grande objection des détracteurs de la Divinité, se trouve dans *ma Dissertation sur l'origine du Monde*, page 18; car elle prouve contr'eux, par le propre fait de la volonté de l'homme, opérant sur les corps matériels, que la volonté toute-puissante de DIEU, a pu aussi agir sur la matière universelle, la former, l'organiser, la mouvoir et en composer tous les êtres corporels, sans le concours du contact ou de l'attouchement, si fort incompatible avec la spiritualité ou immatérialité de cette suprême intelligence, et sans pour cela nous avoir donné la faculté qu'il s'est réservée pour lui seul, de connoître la manière dont sa volonté, et même la nôtre, peuvent opérer sur les corps matériels.

S'il la peut toucher et pousser, continue-t-il à faire dire à Epicure, *il n'est pas distinct de la matière, et s'il n'est pas distinct de la matière, c'est à tort que vous admettez deux êtres incréés, l'un que vous appelez matière, l'autre que vous appelez* Dieu, *il n'y a en effet que de la matière dans l'Univers ; notre dispute est finie ;* cet Auteur du monde, ce Directeur, cette puissance Divine dont il s'agissoit s'en vont en fumée. Telle est la funeste conséquence de cet argument des athées, dont je me garde bien de vouloir mettre Bayle du nombre, malgré toute l'inconséquence qu'on doit reprocher à son théisme, et qui n'a été que trop imité par la plupart de nos plus grands philosophes modernes, qui ont voulu parler de Dieu ; mais sans s'écarter de la question dont il s'agit, si, contre les faits constans qui nous servent de preuve affirmative, Dieu n'a pu mouvoir ni modifier la matière, par la prétendue raison qu'il n'a pu la toucher, on répondra toujours à Bayle, que Dieu pourroit encore moins l'avoir créée ou tirée du néant. Ainsi cette formidable conséquence contre la providence Divine, résultante de l'impossibilité où Dieu seroit de pouvoir toucher ou pousser la matière, s'ensuivroit nécessairement aussi, et tout ne seroit qu'un pur matérialisme, si je n'avois sensiblement prouvé, par l'exemple, ai-je dit, de la volonté de l'homme, agissant sur ses membres et sur tous les corps environnans, que la suprême volonté de Dieu a pu de même agir, sans contact ni attouchement, sur la matière incréée pour en former l'Univers, sans qu'il nous appartienne de savoir la manière dont l'une ou l'autre volonté peut agir sur les êtres matériels : car nous n'en connoissons les actes, que par la connoissance que nous avons de leurs effets. Mais en convenant de notre profonde ignorance, sur la nature des actes de la volonté, dénuée indubitablement de tout contact ou attouchement, nous sommes d'autant plus fondés à soutenir la réalité des actes qui émanent de la volonté souveraine de Dieu, qu'il n'y a rien dans la nature qui n'atteste sa providence, à tous les hommes de sens et de bonne foi, et qui ne leur prouve authentiquement qu'il est l'Auteur et l'Administrateur de tout ce qui existe dans l'Univers.

S'il (Dieu) *est distinct de la matière*, continue Bayle, *il n'a aucune étendue; dites-moi donc, comment il se pourra appliquer à des corps pour les chasser de leur place.* (Ce comment, qu'objectent sans cesse les athées, nous l'ignorerons toujours, ainsi que j'en suis convenu ; mais comme l'acte de notre volonté suffit, pour modifier et mouvoir les corps, il ne peut qu'en être de même, mais à un degré infiniment supérieur, de l'acte de la volonté toute-puissante de Dieu, pour opérer toutes les modifications et les mouvemens qui existent dans la nature, quoiqu'il soit indubitablement inétendu et immatériel.) *Un Platonicien répondroit que la matière a eu toujours du mouvement, et qu'ainsi il a seulement fallu le diriger.* Le Platonicien qui feroit cette réponse ne seroit pas fondé, dans l'assertion que la matière a toujours eu du mouvement, malgré que ce soit en reconnoissant l'indispensable nécessité d'une cause active qui a dirigé son mouvement : car j'ai établi page 166 et dans la première section du chapitre V, ainsi que je vais encore le prouver, que nul mouvement ne pouvoit lui être inhérent ; et outre qu'aucun objet dénué d'intelligence et de volonté ne peut être en lui-même supposé actif, si d'une part la matière passive et morte n'a pu avoir de mouvement désigné, sans qu'un directeur essentiellement actif ne le déterminât, d'autre part, le mouvement étant le transport des objets d'un lieu à un autre, ne peut être l'effet que de cette même cause active et intelligente, qui en le produisant lui a donné la direction, sans laquelle nul mouvement ne peut avoir lieu.

Mais on lui répliqueroit, poursuit ce phi-

losophe, que *pour diriger le mouvement dans certains corps, il en faut remuer d'autres. Cela paroît dans la manœuvre des vaisseaux, et dans les machines. C'est pourquoi la nature Divine, si elle n'étoit pas corporelle, ne pourroit pas plus aisément donner une nouvelle détermination à un mouvement existant, que produire de nouveau le mouvement.*
L'exception que Bayle cite ici du déplacement de certains corps, pour en diriger ou remuer d'autres, n'est pas une raison qui empêche que leur mouvement et direction, n'aient pour origine une cause première qui le leur a communiqué, quoiqu'étant une fois mus ils puissent, en épuisant leur mouvement, le communiquer à d'autres corps; puisqu'on ne peut pas admettre le progrès à l'infini de cette communication de mouvement, ni jamais démontrer qu'aucun corps a pu se le donner à lui-même. A l'égard de celui qui en est le véritable moteur, il est prouvé par l'exemple de la volonté de l'homme, agissant sur ses bras et sur tous les corps

environnans, que la volonté toute-puissante de Dieu, sans être corporelle, sans employer de contact ni d'attouchement, a pu de même mouvoir la matière, et donner à l'immensité de ses parties, toutes les déterminations de mouvement qu'elle a jugé les plus convenables à ses desseins, mais que la matière inerte et passive n'a pu se donner à elle-même. Ainsi le mouvement étant l'effet d'une action, ne sauroit résider dans les êtres matériels, que du moment où ce premier principe, seul essentiellement actif, le leur a spontanément transféré, et il ne peut le leur avoir séparément transmis, qu'avec des directions aussi bien combinées que dignes de sa sagesse, sans lesquelles leur évolution ne pourroit, ni s'effectuer, ni concorder entr'elles.

C'est pourquoi Epicure, ni aucun de ses sectaires en athéisme, tant parmi les anciens que parmi les modernes, n'ont jamais proprement pu supposer essentiel à la matière qu'un mouvement par abstraction, dénué de toute direction et par conséquant

conséquant de toute réalité; parce qu'il ne peut en exister dans la nature, qui n'ait une tendance déterminée vers quelque partie de l'espace, plutôt que vers des millions d'autres, dont le choix ne sauroit trouver sa raison suffisante dans la substance matérielle. Il faut donc en conclure, que nul mouvement ne sauroit être distinct de sa direction, et que cette tendance déterminée de tous les corps qui se meuvent, ne peut provenir que d'une intelligence motrice : car elle seule a pu faire choix des directions et mouvemens, infiniment variés et concordans, qu'elle a donnés à tous ces êtres matériels, et notamment à l'extrême multitude des vastes corps célestes qui, depuis l'origine des choses, parcourent sans cesse toutes les parties de l'Univers, sans s'entrechoquer, ni se nuire entr'eux.

On en trouvera encore la preuve dans les courbes auxquelles tous leurs mouvemens sont assujétis, sont si parfaitement réglés, si bien circonscrits dans l'immensité de l'espace et qui, étant le résultat de diverses directions simultannées agissant constamment sur chacun de ces corps, selon les lois invariables de la composition des forces, ne peuvent par conséquent être les effets d'aucune faculté inhérente à la matière.

C'est ce que confirment tous les phénomènes célestes: car il est certain, et toutes les observations astronomiques concourent à démontrer, que la totalité des corps de notre Systême solaire, qui se meuvent au tour de cet astre lumineux, et tous les satellites qui circulent au tour de leur planète principale, sont chacun soumis dans tous les points de leur courbe, à une force ou mouvement de projectile, toujours en raison inverse de leur distance au centre de leur révolution, à une force centripète toujours en raison inverse des quarrés de leur distance au même centre, et à une force ou mouvement centrifuge, toujours en raison inverse des cubes de leur distance au même centre de leur révolution, qui ne peuvent avoir été établis que par la suprême intelligence d'un être tout-puissant.

En descendant de l'immensité des espaces traversés, à l'organisation des vastes corps qui les parcourent sans interruption, depuis l'origine des mondes, il n'est pas moins certain que les mouvemens si diversifiés qui, par exemple, régénèrent sans cesse la face de la terre, et qui perpétuant la nature au tour de nous, d'une manière pareillement invariable, dans le règne animal, dans le règne végétal et dans le règne minéral, ne peuvent avoir pour cause efficiente, ni la matière que renferme notre globe, ni rien qui y soit analogue : car il est constant que les corps bruts qui s'y trouvent isolés, jouissent de toutes les impulsions qu'on leur donne, et qu'ils n'ont par eux-mêmes, qu'une inertie absolue, qu'une incapacité fondamentale à se donner le mouvement, qui ne leur a pas été communiqué.

Mais si au mépris de ces vérités les plus indubitables, on vouloit nier cette incapacité fondamentale de la matière à se mouvoir d'elle-même, à quel titre supposeroit-on de la différence dans la force motrice, soi-disant essentielle à ses élémens primitifs, qui doive en produire dans leur mouvement en diverses masses ? On ne sauroit en indiquer aucun, sur lequel les athées puissent étayer cette supposition ; puisqu'on ne pourroit jamais découvrir dans cette force motrice qu'ils leur attribuent faussement, nulle raison suffisante de cette variété infinie de mouvemens, qui existent dans toutes les parties de l'Univers, et qui en rendent l'accord si merveilleux.

III. *Ne comptons pour rien*, continue Bayle, *toutes mes raisons à priori... Or nous ne voyons pas que les personnes judicieuses, quelque bon que soit leur naturel, s'ingèrent de leur propre mouvement dans les désordres domestiques de leur prochain ; ni qu'un prince sage, qui a remédié aux abus de son état, doive se mêler de réformer les monarchies voisines, au lieu d'en laisser*

le soin à ceux à qui elles appartiennent...
Sur cette idée de sagesse, l'on pourroît présupposer que DIEU ne pouvoit pas entreprendre de remédier aux imperfections de la matière. Il n'en étoit pas responsable, puisqu'il n'avoit nulle part à la production des corps. (Bayle se trompe fortement ici ; car c'est précisément l'opposé de ce qu'il fait alléguer à Epicure qui est fondé. L'indépendance où est la matière à l'égard de son essence et de son existence éternelle, mais non quant aux modifications contingentes que nous lui connoissons, n'a pu servir d'obstacle à la toute-puissance de DIEU, et n'a pu donner à cet Etre-Suprême aucune raison, pour ne pas lui conférer toutes les manières d'être qu'il a jugé nécessaires à l'accomplissement de ses sublimes desseins. Or ce n'est que par cela seul qu'il n'a pas créé la matière, et qu'il n'a pu que la modifier pour en former l'Univers, qu'il n'est pas garant envers lui-même, de toutes les imperfections, de tous les vices qu'elle se trouvoit avoir, et

quelle a conservés, comme il le seroit s'il en étoit le créateur, et qu'il fût par conséquent l'auteur de tous les maux physiques et moraux, qui ne seroient alors indubitablement résultés que des vices de cette prétendue création.) *Dieu n'en étoit pas responsable*, est-il déja dit, *puisqu'il n'avoit nulle part à la production des corps. C'étoit l'ouvrage de la nature, et c'étoit donc à elle d'en disposer.*

Je remarquerai sur cette conclusion de Bayle, analogue à beaucoup d'autres assertions de lui, que j'ai déja passées sous silence, que c'est ainsi en dépouillant Dieu de sa toute-puissance et de tous ses autres attributs, pour en revêtir *la nature*, et lui attribuer tous les ouvrages de cet Etre-Suprême, que les athées croient être parvenus à établir sa nullité, et par elle à pouvoir contester son existence. Ce n'est pourtant qu'une transformation de nom, dont ils ont fait un si grand abus dans tous leurs écrits, mais plus particulièrement dans l'ouvrage intitulé *Système de la Nature*, et c'est appeler *nature*, Dieu qui en est l'auteur : ce qui en la divinisant ne forme par eux qu'une vaine dispute de mots. C'est pourquoi, lorsqu'on veut raisonner sur ces grands et importans objets de philosophie rationnelle, il est d'abord essentiel de savoir ce que, dans son acception générale, on doit entendre par ce qu'on appèle *Nature*, à quoi cependant on ne peut attribuer aucune vue et aucune intelligence propres, sans se dépouiller soi-même de celles qu'on a.

L'Auteur *de la Philosophie de la Nature*, qui a attaqué toutes les diverses définitions qu'on en a données, étaye celle qu'il en fournit, sur le mouvement soi-disant essentiel à la matière, qu'il soutient et que j'ai réfuté dans la Ire. section du chapitre précédant ; ainsi que je viens encore de le faire pages 324 et suivantes. Il est lui-même tombé dans une grande erreur, par la définition qu'il en a produite, en disant tome 1er. page 36, *que la nature est la matière en mouvement*, et dans une grande contradiction en ajoutant, que *le mouvement est pour le moins aussi essentiel à la matière que l'étendue*, pendant qu'il affirme page 57, que *l'étendue ne fut jamais essentielle à la matière ; elle n'en est qu'une modification, comme son impénétrabilité;* puisque les élémens primitifs qui constituent la matière, n'étant selon cette dernière assertion, que des néants d'étendue et d'impénétrabilité, n'auroient par leur réunion jamais pu rien former d'étendu et d'impénétrable, s'ils ne l'étoient pas intrinséquement eux-mêmes. Voyez en outre dans la même section du chapitre précédant, pages 263 et 264, la réfutation que j'ai faite de cette définition.

Le célèbre Auteur de l'*Histoire Naturelle*, qu'il avoit aussi critiqué indirectement à ce sujet, a été bien mieux fondé à dire, * que *la nature est le systéme des*

---

* Première vue de la Nature, tome XII, de l'édition in-4°.

lois

lois établies par le Créateur, pour l'existence des choses et la succession des êtres : mais comme j'ai prouvé l'éternité ou incréation de la matière, (que toute l'antiquité a reconnue, que Buffon n'osoit pas ouvertement avouer, non plus que Bayle, quoique ce dernier l'attaque ou paroisse l'attaquer, par tous les principes du pur athéisme, dont je continuerai la réfutation, et que nous lui verrons finalement déclarer n'être pas les siens,) je crois être encore mieux fondé à modifier cette définition de Buffon, en disant, que *la nature est le systéme des lois institutrices et directrices que* Dieu, *seul être essentiellement actif et intelligent, s'est invariablement prescrites pour la formation et la direction de l'Univers,* qu'il a produit de la matière passive, mais éternelle comme lui.

C'est avec cette restriction qu'on pourroit ajouter avec ce dernier philosophe, qui après Newton a le plus mérité de son siècle, que « la nature n'est point une chose, « car cette chose seroit tout; la nature

« n'est point un être, car cet être se-
« roit Dieu; mais on peut la considérer
« comme une puissance vive, immense,
« qui embrasse tout, qui anime tout, et
« qui subordonnée à l'Etre-Suprême, n'a
« commencé d'agir que par son ordre, et
« n'agit que par son concours ou son con-
« sentement. Cette puissance (continue-
« t-il) est de la puissance Divine, la partie
« qui se manifeste ; c'est en même-temps
« l'effet et le mode, le dessein et l'ou-
« vrage, bien différente de l'art humain,
« dont les productions ne sont que des ou-
« vrages morts, la nature est elle-même un
« ouvrage perpétuellement vivant et sans
« cesse actif, qui sachant tout employer,
« et travaillant.... toujours sur le même
« fonds, bien loin de l'épuiser le rend iné-
« puisable, le temps, l'espace et la matière
« sont ses moyens, l'Univers son objet,
« le mouvement et la vie sont son but ».

IV. *Un agent sage*, reprend Bayle, *n'entreprend point de mettre en œuvre un grand amas de matériaux, sans en avoir* bien examiné les qualités, et sans avoir rèconnu qu'ils sont susceptibles de la forme qu'il auroit envie de leur donner. Et si la discussion de leurs qualités lui fait connoître qu'ils ont des défauts incorrigibles, qui feroient que leur condition seroit pire que la première, il se garde bien d'y toucher, il les abandonne à leur état, et il juge qu'il se conduira et plus sagement, et avec plus de bonté, en laissant les choses comme elles sont, qu'en y donnant une autre forme qui deviendroit pernicieuse. Or l'on convient qu'il y a dans la matière un vice réel, qui a été un obstacle au projet de DIEU; un obstacle, dis-je, qui n'a point permis à DIEU de faire un monde exempt des désordres que nous y voyons; il est certain d'autre côté que ces désordres rendent la condition de la matière infiniment plus malheureuse, que ne l'étoit l'état éternel, nécessaire et indépendant, sous lequel elle avoit été avant la génération du monde. Tout étoit insensible sous cet état : le chagrin, la douleur, le crime, tout le mal physique, tout le mal moral y étoient inconnus. On n'y sentoit à la vérité aucun plaisir ; mais cette privation de bien n'étoit pas un mal ; car elle ne sauroit être un malheur qu'autant qu'on s'en apperçoit et qu'on s'en afflige. Vous voyez donc qu'il n'étoit pas d'une bonté sage de faire changer d'état à la matière, pour la métamorphoser en un monde tel que celui-ci. Elle contenoit en son sein les semences de tous les crimes, et de toutes les misères que nous voyons ; mais c'étoit des semences infécondes, et dans cet état, elles ne faisoient pas plus de mal, que si elles n'eussent pas existé : elles n'ont été pernicieuses et funestes qu'après que les animaux ont été éclos par la formation du monde. Ainsi, la matière étoit une camarine qu'il ne falloit pas remuer. Il falloit la laisser dans son repos éternel, et se souvenir que plus on agite une matière puante, plus on répend à la ronde son infection. Ce n'est donc pas la nature Divine qui a fait le monde.

C'est de la même formation du monde, qu'on doit certainement tirer la conclusion contraire, qu'elle émane d'un Dieu infiniment sage, sans que les athées en puissent rien induire contre sa suprême bonté; mais nullement de sa création, qui réunit en soi tous les contrastes, toutes les impossibilités, et d'où résulteroient, de la part de cet Etre Suprême, tous les maux, qu'on ne peut néanmoins attribuer, qu'aux vices propres de la matière incréée. Comme aussi, ce n'est que de cette seule création, que ces impies ont été très-fondés à conclure, contre la providence Divine, tout ce que Bayle lui fait opposer si inconséquemment, que *ce n'est pas un être bon, sage et parfait qui a fait le monde.* A l'égard des désordres et des calamités que nous voyons souvent régner, dans quelques parties de notre globe, à-la-fois ou à diverses intervales, ils ne peuvent rendre, comme le dit ce Sceptique, la condition de la matière plus malheureuse qu'elle ne l'étoit, dans l'état éternel sous lequel elle avoit existé, avant la génération du monde. Rien n'a changé en elle, depuis cette génération, que les formes purement physiques que Dieu lui a données, au moment où de toute éternité il avoit résolu de le faire.

Mais en prenant pour exemple l'homme, que Dieu a formé avec des facultés intellectuelles, qui l'élèvent au-dessus de tous les autres êtres sensibles, ce n'est pas non plus en lui la partie matérielle qui souffre, ou qui éprouve du plaisir. Tout se rapporte à l'ame, et ce n'est nullement encore la matière brute de l'Univers qui en éprouve les sensations. Ce n'est donc pas celle-ci, qu'on doit considérer dans le balancement des biens et des maux de notre vie. C'est uniquement la condition de l'ame, ou des facultés intellectuelles que Dieu nous a transmises, qui doit faire l'objet de notre examen. Or la condition de l'ame n'a point changé de ce qu'elle a été, dès le premier instant de son existence, et elle ne peut se rendre, dans ce monde, heureuse ou malheureuse, qu'autant qu'elle se refuse, ou se livre aux désordres dont il est parlé. On voit donc par-là combien est mal fondée la conséquence, que Bayle en fait tirer à Epicure, que *ce n'est pas la nature Divine qui a fait le monde.*

V. *On ne pourroit pas*, dit-il, *répondre à Epicure, que* Dieu *ne prévoyoit pas la malignité des ames, qui seroient écloses de ces semences de la matière; car il répliqueroit aussitôt,* 1°. *que par-là on attribueroit à* Dieu *une ignorance, qui auroit eu des suites funestes;* 2°. *que pour le moins,* Dieu *auroit remis les choses au premier état, après avoir vu le mauvais effet de son ouvrage, et qu'ainsi le monde n'auroit pas duré jusqu'au temps, où lui Epicure disputoit sur la doctrine de la providence avec un Platonicien.* Bayle ne pouvoit pas faire attribuer à un Platonicien la fausse notion de la matérialité des ames, ni l'idée qu'elles fussent écloses des semences de la matière, pour lui faire faire une réponse aussi erronée, que celle qu'il sembloit lui prêter, puisqu'il savoit que rien n'étoit plus éloigné des principes des disciples de Platon, ainsi que de tous ceux qui, comme eux, ont été pénétrés de la spiritualité de l'ame, et de toutes les perfections infinies de la Divinité; pendant qu'il auroit suffi d'opposer à Epicure la nature entière, et le concours harmonieux de tous ses inombrables phénomènes, qui déposeront invariablement toujours en faveur de la formation du monde, et de la sage providence de celui qui le gouverne.

On auroit pu en outre répondre à Epicure, si ce n'étoit à Bayle, que la prescience de Dieu étant infinie, n'a pu avoir d'autres bornes que celles qu'il s'est volontairement prescrites dans sa profonde sagesse, pour ne pas détruire la liberté de l'homme, ainsi que la dignité de ses bonnes actions, qu'il ne pouvoit prévoir sans les rendre inévitables, comme les mauvais; et que Dieu n'a pu rappeler les ames de cette vie, pour leur faire un sort relatif à ce qu'elles ont mérité ou démérité, qu'il ne leur ait laissé la libre moralité de leur conduite;

duite, pendant cette courte existence. On ne peut pourtant pas douter, qu'en les rendant ainsi maîtresses absolues de leur volonté, il ne sut parfaitement, non que telle ou telle en particulier, mais en général, que les unes en profiteroient pour faire le bien, pendant que d'autres en abuseroient pour faire le mal, sans que celles-ci pussent éteindre en elles, le constant et pénible sentiment de leur indignité, ni les premières se distraire du stable et délicieux sentiment de leur rectitude, ni sans que l'immoralité des perverses, entraînées dans la marche constante de la nature, puissent en troubler l'ordre et l'harmonie. Ainsi on ne peut reprocher à Dieu sans la plus coupable injustice, d'avoir uni l'ame avec le corps, ou de n'avoir pas enchaîné la liberté de l'homme, qui le porte au bien, sans l'empêcher de faire quelquefois le mal, contre le cri de la conscience : car il suffit qu'il provienne beaucoup plus de bien que de mal de cette liberté éclairée de l'homme, pour qu'on ne puisse en considérer le don, que comme une faveur signalée de la Divine providence.

VI. *La dernière objection d'Epicure*, dit Bayle, *seroit la plus forte de toutes. Il auroit représenté à son adversaire que la notion la plus intime, la plus générale, la plus infaillible que l'on ait de* Dieu, *est qu'il jouit d'une parfaite béatitude. Or cela est incompatible avec la supposition de la Providence* (voyons comment il entend le prouver;) *car s'il gouverne le monde, il l'a créé.* (J'ai démontré, sous tous les rapports, la fausseté de cette assertion, par les preuves multipliées que j'ai fournies, que Dieu gouverne le monde, qu'il l'a formé, mais qu'il ne l'a point créé.) *S'il l'a créé, il avoit prévu tous les désordres qui y sont, ou il ne les avoient pas prévus.* Cette dernière objection rentre aussi parfaitement dans le sens et la vérité de mes principes, qu'elle est opposée à ceux que ce Sceptique sembloit s'efforcer de faire prévaloir, et elle confirme ce qu'on a souvent vu, que la création, si elle avoit eu lieu, contrediroit incontestablement la providence Divine, par les vices inhérens à la matière, dont Dieu seroit alors le seul Auteur, et conséquemment l'Auteur de tous les désordres et de toutes les calamités qui en seroient provenus. C'est ce qui forme une des nombreuses preuves que j'ai données de l'incréation de la matière. Mais en cela même, Bayle contredit totalement la thèse qu'il a mise en fait, en tête de la note que je discute, et qu'il prétendoit établir ; savoir, que *l'impiété d'Epicure couloit naturellement de l'existence éternelle de la matière, et qu'une fois posé que Dieu n'en est pas le créateur, il est moins absurde de soutenir qu'il n'est pas non plus l'Auteur du monde, et ne se mêle pas de le conduire, que de soutenir qu'il n'a simplement fait que le former, qu'il le conserve et en est le Directeur*; mise en fait, dont j'ai déja démontré l'extrême fausseté. Ainsi à cet égard, l'argument fondé sur ce dilemme tombe non-seulement à faux, mais prouve contre la création, que ce Sceptique paroissoit et persévère paroître vouloir soutenir. Reprenons-en maintenant l'examen en entier.

S'il a créé le monde, il avoit prévu tous les désordres qui y sont, ou il ne les avoit pas prévus, est-il déja dit ; s'il les avoit prévus, on ne peut pas dire qu'il eut fait le monde par un principe de bonté. S'il ne les avoit pas prévus, il est impossible qu'en voyant le mauvais succès de son ouvrage, il n'ait pas eu un très-grand chagrin. Il se sentoit convaincu d'avoir ignoré les qualités des matériaux, ou de n'avoir pas eu la force d'en vaincre la résistence, comme il l'avoit espéré sans doute. Il n'y a point d'ouvrier qui puisse connoître sans chagrin, que ses espérances l'ont trompé, qu'il n'a pu parvenir à son but, et qu'ayant eu dessein de travailler au bien public, il a fait une machine ruineuse, etc. Nous avons bien des idées pour connoître que DIEU *ne se peut jamais trouver dans un tel cas, mais non pas pour connoître que si par impossible il s'y trouvoit, il ne seroit pas à pleindre et très-malheureux. Si, comme il est vrai, ce* comme le dit Bayle, nous avons des idées pour connoître, que Dieu ne peut jamais se trouver dans le cas, de n'avoir pas fait le monde par un principe de bonté, ou d'avoir ignoré les qualités des matériaux dont il se servoit, il résulte de ce seul aveu, que son argument tombe pareillement à faux. Mais pour ne rien perdre de vue, et en venir enfin au dilemme que ce philosophe a établi, il est de fait que ce n'est que dans le cas où Dieu auroit créé la matière, qu'il auroit fait en cela un mauvais ouvrage; puisqu'il est généralement reconnu qu'en elle-même la matière est pleine de défectuosités. C'est ce qui prouve qu'il ne peut en être le créateur, et que si Dieu l'avoit créée, ce seroit uniquement alors qu'il n'auroit pas agi, ou en connoissance de cause, ou par un principe de bonté; tandis qu'il est impossible de nier que toutes les formes et autres modifications, variées à l'infini dont il a seulement revêtu la matière, dans la formation de l'Univers, ne soient des ouvrages parfaits, et entièrement dignes de toute sa suprême sagesse, ainsi que de son inépuisable bienfaisance.

VII. *Si vous supposez ensuite qu'au lieu de ruiner un tel ouvrage, il s'obstine à le conserver, et travaille sans fin et sans cesse à la réparation de ses défauts, ou a faire en sorte qu'ils ne s'augmentent, vous nous donnez l'idée de la plus malheureuse nature qui puisse se concevoir.* Cela même prouve encore que la matière ne doit pas son existence à DIEU, à qui on ne peut imputer les défauts dont elle surabonde; parce qu'étant tout-puissant et d'une parfaite bonté, il n'auroit pas manqué tout d'un coup de les réformer sans retour, si l'ayant créée, il eut été l'Auteur des vices inhérens à cette création. Ce n'est donc pas de lui que provient aucune de ces défectuosités, non plus qu'elles ne proviennent des modifications déférées à la matière, qui ont formé toutes les merveilles de la nature, et dont on ne pourra jamais révoquer en doute les éminentes perfections.

Dieu, continue Bayle à faire dire à Épicure, *avoit voulu construire un magnifique palais, pour y loger commodément les créatures animées, qui devoient sortir du sein informe de la matière, pour les y combler de bienfaits; et il se trouva que ces créatures ne firent que s'entre-manger, incapables qu'elles étoient de continuer de vivre, si la chair des unes ne servoit pas d'aliment aux autres. Il se trouva que le plus parfait de ces animaux n'épargna pas même la chair de son semblable; il y eut des antropophages, et ceux qui ne se portèrent pas à cette brutalité, ne laissèrent pas de se persécuter les uns les autres, et d'être en proie à l'envie, à la jalousie et à la fraude, à l'avarice et à la cruauté, aux maladies, au froid, au chaud, à la faim, etc. Leur Auteur luttant continuellement avec la malignité de la matière productrice de ces désordres, et obligé d'avoir toujours la foudre à la main, et de verser sur la terre la peste, la guerre et la famine qui, avec les roues et les gibets dont les grands chemins abondent*, n'empêchent pas que le mal ne se maintienne, peut-il être regardé comme un être heureux ? Peut-on être heureux, quand au bout de quatre mille ans de travail, on n'est pas plus avancé qu'au premier jour dans l'ouvrage qu'on a entrepris, et que l'on souhaite passionnément d'achever ? Cette image d'infortune n'est-elle pas aussi parlante que la roue d'Yxion, que la pierre de Sisyphe, que le tonneau des Danaïdes. Or Epicure étant fidellement appuyé sur ces deux principes, l'un que la matière existoit par elle-même, et ne se laissoit pas manier selon les désirs de Dieu, l'autre que la félicité de Dieu ne peut jamais être troublée le moins du monde, il a dû trouver son port dans cette conclusion-ci : c'est qu'il n'y a point de providence Divine.

C'est de la fausse assertion *athéale* d'Epicure, que les ames sont écloses des semences et du sein informe de la matière dès l'origine du monde, et de beaucoup d'autres suppositions analogues, que dérivent

ve tout le poids des précédentes objections de Bayle, dans toute la généralité des maux qui y sont rassemblés, pour s'efforcer de combattre la providence Divine, en les faisant réjaillir sur elle, comme s'ils étoient son ouvrage. L'impiété d'Epicure, ne provenant que de toutes ces assertions erronées, ne découle donc pas, ainsi que Bayle l'a mis en thèse, de la coexistence éternelle de la matière; puisque j'ai fait voir que tous ces maux qu'on veut ainsi attribuer à DIEU, ne dérivent que des vices inhérens à la substance matérielle, et que bien loin d'être en lui le résultat de cette éternité de la matière, DIEU ne pourroit être l'Auteur de ces vices, qu'autant qu'il l'auroit créée. Rien n'est donc moins vrai que de dire par la même thèse, qu'*une fois posé que DIEU n'est pas le créateur de la matière, il est moins absurde de soutenir qu'il n'est pas non plus l'Auteur du monde, et ne se mêle pas de le conduire, que de soutenir qu'il n'a simplement fait que le former et l'administrer, et que ceux qui ont dit que la matière ayant existé éternellement sans être un monde, a commencé à être un monde, lorsque* Dieu *s'est appliqué à la mouvoir de cent façons différentes, à la condenser dans un lieu à la raréfier dans un autre, etc. ont avancé une doctrine qui choque les notions les plus exactes, à quoi l'on soit tenu en philosophant.* Mais il résulte au contraire de la réelle éternité de la matière, dont l'Etre-Suprême s'est si sagement servi pour former toutes les merveilles de l'Univers, qu'il en est également l'Administrateur, et il est notoire qu'il le gouverne par des lois générales qui s'étendent sur toutes choses; mais qui étant aussi invariables que lui-même, sont la base de toute vérité et de toute certitude, de toute évidence et de toute rectitude. Tels sont les supports assurés de la raison universelle, qui nous sert de flambeau, et d'après laquelle Dieu laisse aux hommes toute l'entière et libre moralité de leur conduite, afin de servir de règle à la béatitude qu'il accorde à ceux qui, dans la courte vie de ce monde, se sont les moins écartés du sentier de la vertu. Nous devons donc penser que sous un Dieu infiniment juste et bienfaisant, autant qu'il est puissant et éclairé, tout ce qui ne dérivant pas des vices inhérens à la matière dont notre globe est formé, émane uniquement de lui, ne peut être rempli que de perfections, et qu'il en est de même dans tous les mondes possibles qu'il a faits.

Si on en croit Voltaire, dans ses Romans philosophiques, on jugera que tout ne seroit pas bien dans ce monde (1), que si tout n'est pas bien, tout est du moins passable (2); et il pense que parmi les cent mille millions de mondes qui sont dispersés dans l'étendue, tout se suit par gradation, depuis celui où l'on est parfaitement sage, jusqu'à celui où

---

(1) Voyez Candide.
(2) Voyez Babouc.

tout le monde est complètement fou (3).

Voltaire donne pour raison de cette multitude de mondes bons et mauvais, qu'*aucun de ces millions de mondes créés, ne peut ressembler à un autre, qu'il n'y a ni deux feuilles d'arbres, ni deux globes dans les champs infinis du ciel, qui soient semblables, et que l'ordre parfait ne peut être que dans la demeure éternelle de l'Etre-Suprême; de qui le mal ne peut approcher* (4). D'où on doit inférer, ce me semble, que dans les mondes qui en sont les plus éloignés, les maux sont à leur comble.

Mais si, comme Voltaire l'assure en même-temps, cette immense variété dans ses ouvrages, est un attribut de la puissance Divine, elle ne le seroit pas de sa suprême bonté ; puisque cette extrême diversité graduelle d'afflictions et de maladies dans les uns, de jouissance et de santé dans

---

(3) Voyez Memnon.
(4) Voyez Zadic.

les autres mondes, annonceroient une totale indifférence en Dieu à faire le bien, comme à faire le mal; ce qu'on ne peut jamais supposer d'un Etre qui est par essence infiniment bon. Il paroît donc certain que l'immense variété dans les œuvres de la toute-puissance Divine, qui en est véritablement l'attribut, ne peut consister que dans l'extrême diversité de leurs genres, de leurs espèces, etc. tous également parfaits, comme provenant de la source inépuisable de tous les biens. Il ne peut donc se trouver dans tous les ouvrages de Dieu, d'autres défectuosités que celles inhérentes à leur matière première, qui ne tenant pas son existence de lui, doit néanmoins à son extrême sagesse, toutes les formes et perfections dont elle étoit susceptible, ainsi que les mille millions de mondes qu'il en a produit, et qu'il a fait mouvoir dans l'étendue infinie de l'espace, en les plaçant à de si justes distances entr'eux, ainsi qu'en combinant si bien la grande extension et la grande vélocité de leur cours en tous les sens, qu'ils ne peuvent ni se choquer, ni se nuire réciproquement.

SECTION IV.

EXAMEN du même Article Epicure, note S.

LE systéme de l'Ecriture, reprend Bayle, *note S, est le seul qui ait l'avantage d'établir les fondemens solides de la providence et des perfections de* DIEU. Cela est vrai, mais il ne peut pas l'être dans le sens que ce philosophe le donne à entendre; puisque bien au contraire, cela n'est incontestable que parce que l'écriture n'établit pas la création, et que dans le narré qu'elle nous fait de l'origine du monde, elle n'admet pour véritable que le dévelopement du cahos préexistant, duquel DIEU a formé toutes choses. *Les objections d'Epicure, poursuit-il, qui ont été étalées dans la remarque précédente, et qui pouvoient mettre à bout les philosophes du paganisme, disparoissent et s'évanouissent comme de la fumée, par rapport à ceux à qui la révélation a enseigné, que* DIEU *est le Créateur du monde, tant à l'égard de la matière qu'à l'égard de la forme.* Bien loin de mettre à bout les philosophes qui ne se servent que des lumières du bon sens et de la seine raison, on vient de voir, dans la section précédente, où elles sont rapportées dans leur entier, la réfutation de ces objections que Bayle a prêtées à Epicure, et qui toutes frappent bien moins contre la création, qu'elles ne frappent contre la providence Divine, ainsi qu'on a pu précédamment observer toute la force des preuves que j'ai données, que la révélation n'a rien articulé sur la création, que par la fausse interpêtation qu'on y a donnée d'un mot, et qu'elle n'exprime rien autre chose, que l'obligation de croire

à

à la seule formation de l'Univers, que Dieu a tiré du cahos. *Cette vérité, ajoute-t-il, est d'une importance non pareille; car on en tire, comme d'une source féconde, les dogmes les plus sublimes et les plus fondamentaux, et l'on ne sauroit poser l'hypothèse opposée à celle-là, sans ruiner plusieurs grands principes du raisonnement. De ce que* Dieu *est le Créateur de la matière, il résulte* 1°. *qu'avec l'autorité la plus légitime, qui puisse être, il dispose de l'Univers comme bon lui semble;* 2°. *qu'il n'a besoin que d'un simple acte de sa volonté pour faire tout ce qu'il lui plait;* 3°. *que rien n'arrive que ce qu'il a mis dans le plan de son ouvrage. Il s'ensuit delà que la conduite du monde n'est pas une affaire qui puisse ou fatiguer ou chagriner* Dieu, *et qu'il n'y a point d'événemens quels qu'ils puissent être qui puissent troubler sa béatitude.*

Bien loin que cela soit, j'ai contradictoirement prouvé que si Dieu étoit le créateur de la matière, sa toute-puissance et sa suprême bonté se seroient trouvées en défaut, et qu'il auroit eu le chagrin de ne pouvoir disposer de son ouvrage, comme il l'auroit désiré sans doute; parce qu'il n'auroit pu en réformer les vices. Ainsi de ce que Dieu seroit le créateur supposé de la matière, il ne pourroit en résulter, que toutes les contradictions et impossibilités que je n'ai cessé d'en déduire; et loin que cette création soit conforme à aucun des grands principes de raisonnement dont Bayle parle, on a constamment vu que ces principes lui sont tous directement opposés, et qu'ils confirment la coéternité de la matière inerte et passive, dont l'Etre souverainement actif et tout-puissant s'est pleinement et librement servi, pour produire l'ordre invariable et toutes les merveilles de la nature.

Ce n'est de même que par cela seul que Dieu n'est par le créateur de la matière, que sa bienfaisante providence gouverne l'Univers, sans que sa suprême béatitude puisse jamais être troublée, ni par les vices dont la matière est chargée, ni par les maux sans nombre qui en proviennent; parce qu'ils ne sont, ni ne peuvent être du fait de la Divinité, qui n'a pu avoir que la plus parfaite bonté pour objet, dans toutes les choses sublimes qu'elle a effectuées. C'est aussi pourquoi, dans ce faux systême de création, tous les efforts réunis de la philosophie moderne, n'ont jamais pu concilier la sagesse, la toute-puissance et la bonté infinie de Dieu, avec tous les maux dont il seroit incontestablement l'Auteur. Telle est donc, par suite de la réfutation de ce systême, la simple et unique solution que j'ai établie, de l'important problême de l'origine du mal, et que parmi tous les philosophes postérieurs à Bayle, J. J. Rousseau avoit seul osé appercevoir, dans la coéternité des deux principes, l'un actif et l'autre passif, Dieu et la matière.

Mais, poursuit Bayle, *pour mieux connoître l'importance de la doctrine de la création, il faut aussi jéter la vue sur les embarras inexplicables* ; à quoi s'engagent ceux qui la nient. *Considérez donc ce qu'Epicure pouvoit objecter aux Platoniciens, comme on l'a vu ci-dessus, et ce qu'on peut dire aujourd'hui contre les Sociniens*. Il s'en faut de beaucoup qu'on puisse trouver, par les objections que Bayle a prêtées à Epicure, et que j'ai entièrement réfutées, aucune importance dans la prétendue doctrine de la création, ni aucun des embarras inexplicables, auxquels il prétend que s'engagent ceux qui la nient : car j'ai fait voir dans la section précédente, que toutes ces objections, qui attaquent bien plus la Divinité que l'éternité de la matière, se détruisant d'elles-mêmes, n'ont rien d'embarrassant, ni d'inexplicable pour un vrai croyant en Dieu qui, en rejétant la création, ne veut attribuer à sa toute-puissance et à sa suprême intelligence, rien qui choque le bon sens, ni qui implique contradiction avec sa divine bienfaisance, ni avec toutes ses autres perfections infinies ; parce que rien n'a pu faire plus révoquer en doute la même toute-puissance de Dieu, que l'emploi contradictoire qu'on lui attribue, ainsi que tous les foibles défenseurs de sa cause, n'ont que trop donné lieu de le faire aux impies. Ceux-ci s'en prévalent fortement pour la nier, et pour contester ouvertement à Dieu la formation et la direction du monde. C'est ce qui n'en doit plus faire envisager la création, que sous les aspects les plus funestes et les plus hideux. *Les Sociniens*, ajoute Bayle, *ont rejété les mystères évangéliques, parce qu'ils ne les pouvoient accorder avec les lumières de la raison. Ils ne se seroient point suivis, s'ils étoient tombés d'accord que* Dieu *a créé la matière ; car ce principe philosophique,* ex nihilo nihil fit, *rien ne se fait de rien, est d'une aussi grande évidence que les principes en vertu desquels ils ont nié la Trinité et l'union hypostatique.*

Je ne m'arrêterai point aux principes que ce grand critique avoue être d'une aussi grande évidence, que le principe philosophique *ex nihilo nihil fit*, en vertu desquels les Sociniens ont rejeté les principaux mystères du christianisme ; parce que je respecte parfaitement la foi qu'on porte à ces mystères, qu'il n'a jamais été dans mon caractère, d'attaquer volontairement et de propos délibéré un culte, qui a ses motifs d'utilité, et pour lequel j'ai toujours eu d'autant plus d'égards, que sous ses propres hospices, ce n'est pas celui qu'un grand nombre de mes ancêtres et moi avons reçu en France dès le berceau : c'est ce qui me fait passer outre, sans vouloir tirer, de l'aveu de cette similitude, aucune conséquence en faveur de la cause que je défends, pour ne suivre que la question en elle-même, de l'incréation de la matière dont il s'agit, et des faux principes Epicuriens dont on a étayé l'opinion contraire ; puisque j'ai déja prouvé, que la croyance de la création n'a aucun fondement, ni dans ce même culte, ni principalement dans celui qui lui sert de base, et auquel je suis uni. *Ils ont donc nié la création*, dit Bayle, *mais que leur est-il arrivé ? C'est de tomber dans un abîme en fuyant un autre abîme, il a fallu qu'ils reconnussent l'existence indépendante de la matière, et que cependant il la soumissent à l'autorité d'un autre être.* Sans avoir d'autre secte, ni d'autre parti à défendre dans ma cause, que les perfections et la sage providence de Dieu, dont on ne s'est généralement fait que de trop fausses idées, ni d'autre impulsion que l'amour de la vérité, j'ai admis et cent fois prouvé, sans être tombé dans aucun de ces abîmes, que la matière informe et passive étoit en elle-même indépendante de tout autre être, à l'égard de son existence, dont rien dans la nature n'atteste la contingence, qu'elle n'étoit, ni ne pouvoit être de même indépendante, quant à ses modifications ou accidens, dont tout constate la mobilité, et auxquels l'Etre souverainement actif a attaché toutes les formes, et toutes les qualités essentielles à la confection et perfection de l'Univers.

Il a fallu qu'ils avouassent, continue

Bayle, *que l'existence nécessaire peut convenir à une substance qui est d'ailleurs toute chargée de défauts et d'imperfections* ; ce qui renverse une notion très-évidente ; savoir, que ce qui ne dépend de quoique ce soit pour exister éternellement, doit être infini en perfection; car qui est-ce qui auroit mis des bornes à la puissance et aux attributs d'un tel Etre ? En un mot, ils ont à répondre à la plupart des difficultés que j'ai supposé qu'Epicure pouvoit proposer aux philosophes qui admettoient l'éternité de la matière.

J'observerai d'abord que toutes les difficultés dont il est question, contre l'éternité de la matière, ne peuvent être plus opposées qu'elles ne le sont au sentiment constant de tous les philosophes de l'antiquité ; puisqu'ils en ont toujours admis la préexistence. C'est pourquoi on auroit véritablement lieu d'être étonné du choix que Bayle a fait d'Epicure, l'un des plus affirmatif à ce sujet, pour supposer qu'il en formoit les objections, si en lui donnant

nant Platon pour adversaire, on ne voyoit pas clairement qu'il n'a uniquement voulu que mettre aux prises, si ce n'étoit faire prévaloir, l'athéisme du premier, contre les principes opposés de celui-ci.

Mais en répondant à toutes ces difficultés, que le philosophe Bayle a accumulées dans sa précédente note du même article Epicure, j'ai démontré qu'elles n'avoient rien d'embarrassant. J'ai aussi prouvé qu'il est impossible que la matière passive et morte, toute informe et imparfaite quelle fut, ne soit pas éternelle, nécessaire et indépendante dans son existence, quoique totalement soumise à toutes les formes et modifications, que l'être essentiellement actif et parfait lui a données, dès l'origine du monde. Mais comme il ne peut s'ensuivre qu'un Etre pour être éternel, doive être éminemment accompli, que pour celui en qui réside toutes les qualités actives, il n'en résulte aucun renversement de la notion que Bayle mentionne, et qui n'étant point applicable à la matière incréée, en tant qu'elle est inerte et passive, ne peut être appropriée qu'à l'être infiniment intelligent, puissant et parfait, aux qualités actives duquel rien n'a jamais pu mettre des bornes. *Inférez de là, termine-t-il, qu'il est très-utile à la vraie religion, que l'on fasse voir que l'éternité de la matière entraîne après soi la destruction de la providence Divine. On montre par ce moyen la nécessité, la vérité et la certitude de la création.*

Indépendamment de toutes les preuves que j'ai moi-même données de l'impossibilité de la création de la matière, et des nombreuses contradictions insolubles qui en résulteroient, j'ai démontré que ce n'est uniquement qu'avec l'éternité de cet être purement passif, sur lequel Dieu a exercé sa toute-puissance, que s'accorde sa souveraine providence, avec laquelle cette prétendue création implique elle-même le plus formellement contradiction : car on ne sauroit trop répéter, que dans cette fausse origine du monde, Dieu seroit évidemment l'Auteur de tous les vices inhérens à la matière qu'il auroit créée; par conséquent l'Auteur aussi de tous les maux physiques et moraux qui proviennent de ces vices, et qui accablent, dans l'humanité entière, le plus beau et le plus précieux ornement de tous ses ouvrages. D'où l'on apperçoit tout le tort qu'a pareillement le philosophe Mallebranche, que Bayle cite ici à son appui, d'avoir voulu enseigner, que *non-seulement il n'y auroit point de providence, si* DIEU *n'avoit point créé la matière, mais même que* DIEU *ignoreroit qu'il y eut une matière, si elle étoit incréée*: comme s'il n'étoit pas infiniment plus facile de connoître l'existence de la matière incréée, et d'agir de toutes les manières imaginables sur elle, ainsi que nous le faisons nous-mêmes, qu'il n'eut été possible d'agir sur le néant, et d'en tirer cette substance, si elle n'avoit pas existé de tous les temps. D'où l'on voit encore jusqu'à quel point extrême les plus grands philosophes modernes ont déraisonné, toutes les fois qu'ils ont voulu soutenir le faux et absurde système de la création.

D'après Epicure, les impies ont toujours argumenté, contre la providence Divine, par ces alternatives : ou Dieu veut empêcher tous les maux qui existent dans le monde, et ne le peut pas : ou il le peut et ne le veut pas : ou il ne le peut, ni ne le veut : ou finalement il le peut et le veut.

Si Dieu le veut, disoit-il, et ne le peut pas, c'est foiblesse : ce qu'on ne peut pas dire de l'Etre tout-puissant.

S'il le peut et ne le veut pas, c'est malice : ce qui ne convient pas non plus à la bonté infinie.

S'il ne le peut, ni ne le veut : il est foible, méchant et n'est pas Dieu.

Si enfin il le peut et le veut, pourquoi ne le fait-il pas ?

Ces objections si embarrassantes, tant de fois opposées contre Dieu par les athées, que tous les fidèles croyans en lui n'ont jamais pu résoudre, et que Bayle n'a, sans-doute, pas osé rapporter, par l'impuissance où il étoit lui-même d'y rien répondre de raisonnable, dans le système de la création, ne présentent plus aucune difficulté dans la théorie des deux principes coéternels, Dieu et la matière.

En effet, j'ai prouvé que le mal dérive des vices inhérens à la matière incontestablement incréée. Pour l'éviter il auroit fallu que Dieu fit rentrer cette matière dans le néant, et qu'il en créât un autre qui en fut exempte, si je n'avois pas démontré, que l'une et l'autre opération étoient également impossibles et contradictoires. Or comme j'ai encore prouvé, que sans aucune limitation de sa toute-puissance, Dieu n'a pu rien faire d'impossible, ni qui implique contradiction, il n'a été ni dans sa sagesse, ni dans sa puissance de le vouloir. Il n'a donc pu ni voulu donner à la matière, que les modifications ou qualités secondaires les plus parfaites, dont il a formé tout ce que nous voyons dans la nature. Dieu n'est donc pas responsable des dommages qui, s'unissant aux grands biens qu'il a opérés, resultent des défectuosités inséparables de la matière : car étant incréée et éternelle comme lui, elle n'a pu lui devoir son existence, ni ses vices. Ainsi je n'ai à résoudre ces objections des athées, que par elles-mêmes; c'est-à-dire, que par le simple exposé de la proposition dont il s'agit, que *Dieu ne veut ni ne peut empêcher le mal*, qui résulte des défectuosités inhérentes à la matière première, dont il a si merveilleusement composé l'Univers, sans qu'on puisse rien en induire contre sa toute-puissance, ni contre sa bonté infinie, ainsi que les athées sont incontestablement fondés à le faire, en argumentant de la fausse supposition que Dieu en est le créateur.

SECTION V.

Examen de l'Article Ovide, *note F, du Dictionnaire critique de* Bayle.

I. Je *dis qu'il n'y a rien de plus absurde*, annonce Bayle, *que de supposer un cahos qui a été homogène pendant une éternité, quoiqu'il eut les qualités élémentaires, tant celles qu'on nomme altératrices, qui sont la chaleur, la froideur, l'humidité et la sécheresse, que celles qu'on nomme motrices, qui sont la légéreté et la pesanteur, celle-là cause du mouvement en haut, celle-ci cause du mouvement en bas. Une matière de cette nature ne peut point être homogène, et doit contenir nécessairement toutes sortes d'hétérogenéités. La chaleur et* la froideur, l'humidité et la sécheresse ne peuvent pas être ensemble, sans que leur action et réaction ne les tempère, et les convertisse en d'autres qualités qui font la forme des corps mixtes; et comme ce tempérament se peut faire selon des diversités innombrables de combinaisons, il a fallu que le cahos renfermât une multitude incroyable d'espèce de composés. Le seul moyen de le concevoir homogène seroit de dire, que les qualités altératrices des élémens se modifièrent au même degré dans toutes les molécules de la matière; de sorte qu'il y avoit par-tout précisément la même tiédeur, la même molesse, la même odeur, la même saveur, etc. Mais ce seroit ruiner d'une main ce que l'on bâtit de l'autre ; ce seroit par une contradiction dans les termes, appeler cahos l'ouvrage le plus régulier, le plus merveilleux en symétrie, le plus admirable en matière de proportion qui se puisse concevoir... Et nos idées ne laissent pas de nous apprendre que l'harmonie des qualités contraires, conservée uniformément dans tout l'Univers, seroit

une

une perfection aussi merveilleuse que le partage inégal qui a succédé au cahos. Quelle science, quelle puissance ne demanderoit-elle pas cette harmonie uniforme répendue dans toute la nature ? Il ne suffiroit pas de faire entrer dans chaque mixte la même quantité de chacun des quatre ingrédiens, il faudroit y mettre des uns plus, des autres moins, selon que la force des uns est plus grande ou plus petite pour agir que pour résister... Tout bien compté, il se trouveroit que la cause qui métamorphosa le cahos l'auroit tiré, non d'un état de confusion et de guerre, comme on le suppose, mais d'un état de justesse qui étoit la chose du monde la plus accomplie, et qui, par la réduction à l'équilibre des forces contraires, les tenoient dans un repos équivalent à la paix. Il est donc constant que si les poëtes veulent sauver l'homogeneité du cahos, il faut qu'ils effacent tout ce qu'ils ajoutent, concernant cette confusion bizarre des semences contraires, et ce mélange indigeste, ainsi que ce combat perpétuel de principes ennemis.

Ce ne sont pas les seuls poëtes qui, sous le nom de cahos, admettoient l'éternité de la matière première, c'est Epicure, Platon et toute l'antiquité avec eux. Il résulte sans doute des qualités motrices de pesanteur, légéreté, et des qualités altératrices de chaleur, froideur, humidité, sécheresse, que possède diversement la matière, qu'elle n'est plus homogène; mais il ne suit pas de là quelle ne le soit pas intrinséquement, ou quelle ne le fut pas avant que Dieu ne lui transmit ces différentes modifications, ou toutes autres qualités secondaires pour en fonder l'Univers, ainsi que je l'ai prouvé pages 166 et suivantes, en distinguant spécialement ses qualités inhérentes, d'avec ses qualités acquises et secondaires, qu'elle ne tient que de Dieu; conséquemment la totale inertie que nous sommes forcés de reconnoître en elle-même, comme je l'ai également prouvé dans la Ire. section du chap. V, ainsi que pages 323 et suivantes, ne nous permet pas de supposer qu'aucune énergie, ni aucun mouvement lui fussent inhérens, ni de croire que ses élémens homogènes fussent entr'eux dans un état de fermentation ou de guerre, que désunis ils se balançassent plus ou moins par des forces contraires, ou qu'ils en eussent de concordantes, dont ils étoient également dépourvus : car faisant abstraction de toutes les formes et modifications hétérogènes qui l'ont embellie, et de tout ce qu'elle a de contingent, nous ne pouvons proprement supposer pour attribut constitutif à la matière, outre les vices dont elle n'a pu être dépouillée, que l'existence éternelle et passive, ni pour propriétés essentielles que l'étendue, ainsi que l'impénétrabilité et la fixité de ses élémens, qui la distinguoit du pur espace pénétrable. Or, n'étant par essence qu'inerte et passive, elle n'a pu dès l'origine des êtres matériels, tenir que de Dieu toutes les qualités motrices et altératrices qu'il lui a conférées, et généralement tout ce qu'on appèle lois générales de la nature, lois du mouvement, principes mécaniques, solidité, fluidité, figure et toutes autres modifications. Elle n'étoit conséquemment ni eau, ni feu, ni terre, ni air, comme je l'ai encore prouvé, et ne pouvoit ressembler de soi-même, à rien de ce que nous appercevons, ni à aucun des corps agrégatifs qui, depuis la naissance du monde, composent l'ensemble que nous nommons Univers. C'est donc sans fondement supposer de toute éternité à la matière inerte et passive, tous ces mêmes pouvoirs et qualités quelle ne tient que de DIEU, et c'est ce qu'on doit aussi conclure de tous les argumens suivans, que Bayle fait encore sur le même sujet.

II. *Passons-leur cette contradiction*, dit-il, *nous trouverons assez de matière pour les combattre par d'autres endroits. Recommençons l'attaque de l'éternité. Il n'y a rien de plus absurde que d'admettre pendant un temps infini le mélange des parties insensibles des quatre élémens; car dès que vous supposez dans ces parties l'activité de la chaleur, l'action et la réaction des quatre premières qualités, et outre cela le mouvement vers le centre dans les particules de la terre et de l'au, et le mouvement vers la circonférance dans celles du feu et de l'air, vous établissez un principe qui séparera nécessairement les uns des autres ces quatre espèces de corps, et qui n'aura besoin pour cela que d'un certain temps limité. Considérez un peu ce qu'on appèle la phiole des quatre élémens. On y enferme de petites particules métaliques, et puis trois liqueurs beaucoup plus légères les unes que les autres. Brouillez tout cela ensemble, vous n'y discernez plus aucun de ces quatre mixtes, les parties de chacun se confondent avec les parties des autres; mais laissez un peu votre phiole en repos, vous trouverez que chacun reprend sa situation. Toutes les particules métaliques se rassemblent au fond de la phiole, celles de la liqueur la plus légère se rassemblent au haut, celles de la liqueur moins légère que celle-là et moins pesante que l'autre, se rengent au troisième étage;*

celles de la liqueur plus pesantes que ces deux-là, mais moins pesantes que les particules métaliques, se mettent au second étage, et ainsi vous trouverez les situations distinctes que vous aviez confondues en secouant la phiole ; un temps fort court vous suffit pour revoir l'image de la situation que la nature a donnée dans le monde aux quatre élémens. On peut conclure, en comparant l'Univers à cette phiole, que si la terre réduite en poudre avoit été mêlée avec la matière des astres, et avec celle de l'air et de l'eau, en telle sorte que le mélange eut été fait jusqu'aux particules insensibles de chacun de ces élémens, tout auroit d'abord travaillé à se dégager, et qu'au bout d'un terme préfix, les parties de la terre auroient formé une masse, celles du feu une autre, et ainsi du reste, à proportion de la pesanteur et de la légéreté de chaque espèce de corps. ---- On peut se servir encore d'une autre comparaison, et supposer que le cahos étoit semblable à du vin nouveau qui fermente. C'est un état de confusion : les parties spiritueuses et les terrestréités se brouillent ensemble : on ne sauroit discerner, ni à la vue ni au goût, ce qui est proprement vin, et ce qui n'est que du tartre ou de la lie. Cette confusion excite un combat furieux entre ces diverses parties de matière. Le choc est si rude que le vaisseau est quelquefois incapable de le soutenir, mais deux ou trois jours plus ou moins viennent à bout de cette guerre intestine. Les parties grossières se dégagent et tombent par leur pesanteur. Les plus subtiles se dégagent aussi et s'évaporent par leur légéreté, et le vin se trouve de cette manière dans son état naturel. Voilà ce qui seroit arrivé au cahos des poëtes. La contrariété des principes mêlés ensemble confusément y eut produit une violente fermentation, mais qui au bout d'un certain temps, eut été cause de la précipitation des corps terrestres, et de l'exaltation des parties spiritueuses, et en un mot de l'arrangement convenable à chaque corps, eu égard à sa pesanteur et à sa légéreté. Il n'y a donc rien de plus contraire à l'expérience et à la raison que d'admettre un cahos d'une durée éternelle, quoiqu'il renfermât toute la force qui a paru dans la nature, après que le monde a été formé. Car il faut bien prendre garde que tout ce que nous appelons lois générales de la nature, lois du mouvement, principes mécaniques, est la même chose que ce qu'Ovide et les Péripatéticiens nomment chaleur, froideur, humidité, sécheresse, pesanteur et légéreté. Ils ont prétendu que toute la force et toute l'activité de la nature, tous les principes de la génération et de l'altération des corps, étoient compris dans la sphère de ces six qualités. Puis donc qu'ils les ont admises dans le cahos, ils y ont reconnu nécessairement toute la même vertu qui fait dans le monde les générations et les corruptions, les vents, les pluies, etc.

On trouvera, ainsi que je l'ai dit, que ma réponse aux précédens argumens, s'applique aussi parfaitement à ceux-ci : car il est impossible d'admettre en propre à la matière, la grande activité qui lui est faussement attribuée, et qui fait l'unique force

force des raisonnemens de Bayle. J'ajouterai que si au lieu de l'essence et des attributs purement passifs, qui son inhérens à cette substance incréée, et qui formoient en elle le cahos proprement dit, on pouvoit lui supposer originellement toute la force, l'activité et l'action que Dieu lui a postérieurement communiquées, dans la formation de l'Univers, il n'est pas douteux qu'alors le cahos, ou composé de cette matière active, mais non intelligente, tel que quelques anciens poëtes l'imaginoient, ne fut contradictoire, et que le concours de Dieu n'eut été inutile, non pour en produire tout ce qui constitue les mondes, mais pour en séparer les parties supposées dès-lors hétérogènes. On ne peut donc pas sans absurdité, en faire résulter la beauté, l'ordre et l'harmonie qui existent dans toute la nature, et qui ne peuvent provenir que d'une intelligence suprême.

Ainsi ce ne sont que de fausses hypothèses, que les athées présentent sans cesse comme des vérités, et que Bayle en les reproduisant, reconnoissoit fort bien pour ce qu'elles sont. Il n'étoit donc pas fondé à en faire ses plus fortes objections, contre l'éternelle existence de la matière. Si après lui tous les philosophes, qui ont aussi été les détracteurs de cette sage doctrine de la coéternité des deux principes, ont unanimement cru que ces objections militoient invinciblement en faveur de la création, c'est parce qu'ils n'ont pas fait attention, qu'elles n'avoient pour fondement que cette fausse attribution de force et de mouvement qu'on supposoit aux élémens primitifs. Ce n'est cependant que sur elle qu'a toujours été établi l'athéisme, que professoient déja quelques philosophes de l'antiquité, qui l'admettoient en propre de toute éternité à la matière, pendant que le grand nombre des autres la lui contestoient avec raison. C'est donc sans aucun espèce de fondement, que le Sceptique Bayle ne discontinue pas d'en faire conclure, la non-éternité de ce principe purement et incontestablement inerte et passif.

III. *Dela naît*, continue ce philosophe, *une objection qui n'est guère moins solide que les précédentes. Ovide et ceux dont il a paraphrasé les sentimens, recouroient au ministère de* DIEU *sans nécessité pour débrouiller le cahos; car ils y reconnoissoient toute la force intérieure, qui étoit capable d'en séparer les parties, et de donner à chaque élément la situation qui lui convenoit : pourquoi donc après cela faisoient-ils intervenir une cause externe ? N'étoit-ce point imiter ces mauvais poëtes qui, dans une pièce de théâtre, se servoient d'un dieu de machines pour dénouer un très-petit embarras. Il faut pour bien raisonner sur la production du monde, considérer* DIEU *comme l'Auteur de la matière, et comme le premier et le seul principe du mouvement.* Bayle a après tout raison de dire, que pour bien raisonner sur l'origine du monde, il faut considérer DIEU comme le premier et le seul principe du mouvement; mais il n'est fondé sur rien en ajoutant : *Si l'on ne peut pas s'élever jusqu'à l'idée d'une création proprement dite, on ne sauroit éviter tous les écueils, et il faut de quelque côté qu'on se tourne, débiter des choses dont notre raison ne sauroit s'accommoder ;* parce que j'ai prouvé que c'est spécialement le cas de tous ceux, qui pensent faussement pouvoir s'*élever* jusqu'à cette idée contradictoire de la création, pour se croire fondé à en admettre la réalité. *Car*, objecte-t-il de son côté, *si la matière existe par elle-même, nous ne comprenons pas bien que* Dieu *ait pu, ou qu'il ait dû lui donner du mouvement.* (Rien n'est pourtant plus aisé à comprendre de la part de cet Etre tout-puissant, agissant à sa souveraine volonté sur la matière éternelle, mais inintelligente et passive; puisque notre chétive volonté suffit pour mouvoir et exercer une entière puissance, sur nos bras et sur tous les corps matériels qui sont à notre entour; et c'est cette éternité passive de la matière, qui prouve incontestablement, que la génération et la conduite de l'Univers, ne sont dues qu'à la même toute-puissance de Dieu). *Elle seroit indépendante de toute autre chose quant à la réalité d'exister. Pourquoi donc n'auroit-elle pas la force d'exister toujours dans le même lieu à l'égard de chacune de ses parties ? Pourquoi seroit-elle contrainte de céder aux désirs d'une autre substance quant au changement de situation ?*

J'ai nombre de fois répondu aux objections que ce grand Sceptique fait ici en forme de questions, et que les athées ont si souvent reproduites, contre la réalité de la puissance de Dieu, conséquemment contre la certitude de son existence et de sa providence, que ce n'est que parce que la matière étant par elle-même inerte et passive, elle n'a pu se soustraire, ni opposer la moindre résistance à la toute-puissance de l'Etre souverainement actif, ni se donner à elle-même le mouvement, qu'elle ne possède accidentellement, que par la raison que Dieu le lui a communiqué; car son état spécial et primitif, résultant nécessairement de sa parfaite inertie, est d'être en repos, ainsi que ce philosophe le savoit très-bien, et qu'il va formellement le témoigner.

Joignez à cela, ajoute Bayle, *que si la matière avoit été mue par un principe extérieur, ce seroit un signe que son existence nécessaire et indépendante seroit séparée et distincte du mouvement, d'où il résulte que son état naturel est d'être en repos.* (C'est, comme je l'ai plus amplement prouvé dans la première section du chapitre V, ainsi que pages 266 et suivantes, une vérité incontestable, qui seule détruit de fond en comble, non-seulement tout système de matérialisme, mais en outre toute la consistance des objections de ce philosophe, contre l'éternité de la matière, fondée sur la fausse activité que les athées anciens et modernes ne lui supposent par essence, que pour en induire faussement la formation du monde de toute éternité, sans aucune cause extérieure à la matière, rendre ainsi inutile, et faire révoquer en doute la toute-puissance que Dieu a effectuée, et effectue notoirement sur elle.) *Et qu'ainsi, Dieu n'auroit pu la mouvoir sans introduire du désordre dans la nature des choses, n'y ayant rien de plus convenable à l'ordre que de suivre l'institution éternelle et nécessaire de la nature.* (On ne peut manquer de s'appercevoir que la conséquence que Bayle tire là est fausse; parce que ce seroit faire de la nature entière qui, comme nous l'avons vu, n'est que l'ordre inaltérable des lois, que la providence Divine a établi dans la marche et le gouvernement de l'Univers, un Etre éternel, nécessaire et indépendant de son Auteur; mais duquel ordre l'infraction qu'y suppose ce philosophe, ne résulteroit cependant que du propre mouvement que Dieu a donné à la matière, et quoiqu'il fasse essentiellement partie du même ordre constant des choses, émané de sa profonde sagesse.) *C'est de quoi*, poursuit-il, *je parle plus amplement dans d'autres endroits.* Bayle cite en marge, que c'est dans les propres notes des articles Hierocles et Epicure que j'ai déja réfutées.

Au surplus ce qui seul modifiant mon opinion sur Bayle, me concilie en sa faveur, et renforce de son autorité mes preuves sur la coéternité des deux principes, l'un essentiellement actif et l'autre passif, c'est le précieux aveu qu'il va faire à ce sujet. Je m'en étaye contre tout ce que ce Sceptique, qui ne vouloit que faire tolérer sa liberté de penser sur les objets les plus sacrés, a pu indirectement alléguer en faveur de la création, dont il est devenu le plus fort promoteur, sans en avoir eu probablement l'intention. Je me plais à le croire, pour ne pas le juger beaucoup plus coupable qu'aucun autre philosophe, dans la grave imputation que J. J. Rousseau leur faisoit. Je me suis fondé dans cette opinion favorable, sur ce qu'en attaquant l'éternité de la matière, par des principes, qu'il déclare ensuite n'être pas
les

les siens, Bayle a trouvé convenable ou prudent de s'abstenir d'établir l'hypothèse de la création, qu'il sembloit vouloir soutenir ; sur ce qu'il s'est gardé d'en fixer la notion qu'elle que ce fut, et de défendre les nombreuses contradictions de ce dogme religieux, à la croyance duquel il étoit si fort dangéreux de paroître se soustraire, qu'il a été métamorphosé jusqu'a ce jour en principe philosophique. C'est ce qui excuseroit, non la tyrannique intolérance des Ministres de la foi, mais tous les philosophes modernes, de s'être soumis à ce faux dogme, s'ils n'avoient pas porté le délire jusqu'à effectuer cette métamorphose, sans parler du délire extrêmement plus blamable que J. J. Rousseau leur reprochoit.

Mais de toutes les erreurs, s'énonce Bayle, *où l'on tombe après s'être égaré en rejétant la création, il n'y en a point de plus petite ce me semble*,... (puisqu'elle l'étoit au point insensible d'être devenue une vérité si incontestable, que désormais elle ne peut plus être révoquée en doute, et la manière dont il s'en exprime, dans le siècle intolérant où il vivoit, indique assez combien il étoit peu éloigné de le juger ainsi.) *Mais de toutes les erreurs, a-t-il déja dit, où l'on tombe après s'être égaré en rejétant la création, il n'y en a point de plus petite, ce me semble, que de supposer, que* " *si* DIEU *n'est point la* " *cause de l'existence de la matière, il est* " *du moins le premier moteur des corps,* " *et en cette qualité, l'Auteur des propriétés* " *élémentaires, l'Auteur de l'arrangement* " *et de la forme que nous voyons dans la* " *nature. La supposition qu'il est le premier* " *moteur de la matière, est un principe qui* " *donne naturellement cette conséquence,* " *c'est qu'il a formé les cieux et la terre,* " *l'air et la mer, et qu'il est l'architecte* " *de ce grand édifice qu'on appèle monde.* "

C'est véritablement s'être mis dans la bonne voie, dont Bayle n'auroit jamais dû se départir. D'après cela, qui ne seroit pas tenté de penser avec moi, en faveur des grandes lumières de ce philosophe que, redoutant les fortes persécutions qu'il prévoyoit, ou que lui attiroit déja le Scepticisme qu'il établissoit sur les vérités les plus essentielles, il n'a voulu pour le faire tolérer que paroître défendre la création de la matière, en attaquant son éternité avec tout l'art possible, mais par de faux principes d'athéisme qu'il désavoue enfin, et par des raisonnemens qu'on a vu les uns et les autres tomber tous également à faux. Aussi n'est-ce qu'en partant de ces vérités irréfragables, mises par lui au nombre des plus petites erreurs possibles, qu'il pouvoit dans un sens être fondé à argumenter, contre divers philosophes anciens, en ces termes : *mais si vous lui ôtez cette qualité de premier moteur, si vous assurez que la matière se mouvoit indépendamment de lui, et qu'elle avoit d'elle-même la diversité des formes, qu'à l'égard de quelques-unes de ces parties son mouvement tendoit vers le centre, et qu'à l'égard des* autres il tendoit vers la circonférance, qu'elle contenoit des corpuscules de feu, et des corpuscules d'eau, des corpuscules d'air, et des corpuscules de terre; si dis-je, vous assurez tout cela avec Ovide, vous employez Dieu inutilement et mal-à-propos à la construction du monde. La nature se pouvoit fort bien passer du ministère de Dieu, elle avoit assez de force pour séparer les particules des élémens, et pour mettre ensemble celles qui étoient de la même classe.

Ce sont évidemment, ainsi que je l'ai prouvé, des hypothèses erronées, sur lesquelles s'étaye l'athéisme; comme si la réunion des particules de même classe de la matière, qui se seroit effectuée de soi-même, auroit suffi sans le concours de Dieu à l'organisation de l'Univers. Quoique Bayle soit très-mal fondé dans cette dernière supposition, il a finalement raison de s'élever contre la fausse assertion de plusieurs philosophes de l'antiquité, qui supposoient que le mouvement et les formes sont inhérens à la matière, ainsi qu'il auroit dû toujours le faire par-tout ailleurs où, loin de cela, il a constamment argumenté ou fait argumenter dans le sens de ces assertions; ce qui ne prouve autre chose, dans le scepticisme outré qui le dominoit, que l'extrême inconséquence de son théisme, sur laquelle les philosophes modernes les plus renommés ne se sont que trop modélés. Le rejet qu'il fait ici de cette prétendue activité de la matière, auroit dû l'empêcher de la faire servir de base à toutes ses objections contre l'éternité de ce principe passif si, pourroit-on croire, il n'y avoit pas été contraint, pour se soustraire au fanatisme persécuteur de ses ennemis, malgré que ce ne fut qu'indirectement défendre, mais de toute l'énergie de son inépuisable dialectique, la soi-disant création des mondes. J'ai déja fait observer qu'avec beaucoup moins d'efforts, et ayant la vérité pour soi, s'il se fut uniquement borné à en maintenir la formation et la direction, opérées par le suprême ordonnateur de toutes choses, il auroit pu dès-lors avoir eu la gloire de mettre à jamais l'existence, la toute-puissance et la providence de Dieu, hors de l'atteinte des impies détracteurs de la Divinité, qui ont toujours fait rejaillir sur elle et sur ses véritables merveilles, tout ce qu'a d'absurde l'idée contradictoire de la création, qu'on ne discontinue pas d'attribuer à cet Etre suprême, et que Bayle a renforcé de tous les principes d'athéisme, ainsi que par des argumens analogues, dont je crois avoir jusqu'ici démontré les vices.

Aristote, reprend Bayle, *a fort bien compris cette vérité, et il a eu sur ceci la vue beaucoup meilleure que Platon, qui admettoit dans la matière élémentaire antérieurement à la production du monde un mouvement déréglé. Aristote fait voir que cette supposition se détruisoit d'elle-même, puisqu'à moins de recourir au progrès à l'infini, il falloit dire qu'il y avoit un mouvement naturel dans les élémens. S'il étoit naturel, les uns tendoient donc au centre et les au-*

tres à la circonférence. Ils se rengeoient donc de la manière qu'il le falloit pour former le monde que nous voyons aujourd'hui, il y avoit donc un monde au temps de ce mouvement qu'on prétendoit être déréglé et antérieur au monde, ce qui est contradictoire.

En dévelopant les qualités inhérentes aux élémens primitivement homogènes, distinctives des qualités secondaires qu'ils tiennent de Dieu, page 166, et en établissant la parfaite inertie de la matière élémentaire, Ire. sect. du chap. V, ainsi que pag. 323 et suivantes, j'ai prouvé que Platon avoit eu tort de lui supposer aucune espèce de mouvement quelque déréglé qu'il fut, même en reconnoissant la nécessité d'une cause toute-puissante, qui en les dirigeant, formât de cette matière soidisant active toutes les merveilles de la nature. Or en partant de cette supposition erronée de mouvement qui lui fut essentiel, Aristote ne voyoit pas plus loin que Platon, lorsqu'il conclud qu'il suffisoit que ce mouvement déréglé fut naturel aux élémens, afin qu'ils se rengassent d'eux-mêmes de la manière qu'il falloit pour produire le monde, dans l'état où nous le voyons aujourd'hui. C'est ce qui n'auroit certainement pu se faire, sans le concours de cette cause aussi puissante qu'intelligente ; puisqu'en supposant à ces élémens primitifs, dans leur nullité absolue d'intelligence, toutes les qualités anciennement appelées motrices et altératrices, mais que j'ai nommées secondaires, et qui étant données aux quatre premiers mixtes, ont été nécessaires à la confection de l'Univers, ils n'auroient pu d'eux-mêmes, par la pesanteur ou attraction des uns et l'expension ou légéreté des autres, former qu'une seule masse énorme, qu'auroit environnée une vaste athmosphère d'atomes aériens et d'atomes purement lumineux *, et qu'auroit né-

---

* C'est probablement l'idée de cette pre-

nécessairement

cessairement rendue immobile l'enchaînement réciproque du mouvement attractif des premiers ; mais il n'en seroit jamais résulté, ni la multitude innombrable de globes célestes, dont les mouvemens harmonieux et concordans, quoique infiniment variés, forment cette machine immense et merveilleuse que nous nommons Univers, ni la génération des êtres animés et végétans, qui embellissent le monde, ni moins encore celle des êtres intelligens,

---

mière hétérogenéité successive donnée à la matière, qui a pu faire dire à Moïse dans le premier chapitre de la Genèse, que la lumière existoit avant la formation du soleil et des étoiles ; ce qui le justifieroit entièrement de la censure que des physiciens modernes lui en ont souvent faite, en voulant ravaler la vaste étendue de ses lumières, véritablement étonnantes, lorsqu'on considère que nuls anciens écrits, qui aient pu être conservés dans leur intégrité jusqu'à nos jours, ne remontent d'aussi près que les siens, de ce qu'on appèle l'enfance du monde.

qui les dirigent et qui ont la principale part à ces embellissemens.

Les Péripatéticiens d'aujourd'hui, ajoute Bayle, *les plus zélés pour l'orthodoxie évangélique, ne sauroient rien condamner dans ce discours d'Aristote : car ils avouent que les qualités altératrices et motrices des quatre élémens suffisent à la production de tous les effets de la nature ; ils n'y font intervenir* Dieu, *que comme conservateur de ces facultés élémentaires dont il est la première cause, ou bien ils ne l'y font intervenir que par un concours général, et ils conviennent qu'à cela près elles font tout, et sont en qualité de cause seconde le principe complet de toute génération (en exceptant l'ame de l'homme). Un théologien Scholastique avoueroit donc sans peine, que si les quatre élémens avoient existé indépendamment de* Dieu *avec toutes les facultés qu'ils ont aujourd'hui, ils auroient formé d'eux-mêmes cette machine du monde, et l'entretiendroient dans l'état où nous la voyons. Il doit donc reconnoître de grands défauts dans la doctrine du cahos*, l'un et le principal est, quelle ôte à DIEU la création de la matière, et la production des qualités propres au feu, à l'air, à la terre et à la mer, l'autre qu'après lui avoir ôté cela, elle le fait sans nécessité intervenir sur le théâtre du monde, pour distribuer les places aux quatre élémens.

Ce théologien Scholastique seroit dans une grande erreur, en avouant qu'il suffisoit que les quatre premiers mixtes eussent existé indépendamment de DIEU, avec les qualités qu'ils possèdent aujourd'hui, pour avoir formé d'eux-mêmes et entretenu les mondes dans l'état où ils existent ; puisque nous venons de voir, qu'il ne seroit résulté de ces qualités secondaires de la matière, aucune des générations d'animaux et de végétaux dont il est ici question, ni rien qui fut comparable à l'organisation de l'Univers, tel que nous l'appercevons. Rien ne peut donc empêcher que le cahos qui, comme je l'ai prouvé, n'a pu être composé que d'élémens homogènes et passifs, n'ait existé de toute éternité, sans confusion ni combat entr'eux, jusqu'au moment où Dieu leur a donné les qualités secondaires et hétérogènes propres à la terre, à l'eau, à l'air et au feu, dont il a formé les mondes, et qui n'ont pu antérieurement exister dans cet état qui leur est devenu naturel. Ainsi on ne sauroit trouver dans cette sage doctrine de la coéternité de la matière, aucun des défauts que Bayle étoit fondé à reprocher au seul cahos d'Ovide. Elle ne fait donc pas intervenir Dieu inutilement sur le théâtre du monde; elle n'ôte donc à cet Etre-Suprême, que la faculté contradictoire de créer la matière; faculté trop incompatible avec sa suprême sagesse, pour qu'elle puisse lui être attribuée.

Nos nouveaux philosophes qui ont rejété les qualités et les facultés de la physique Péripatéticienne, trouveroient les mêmes défauts dans la description du cahos d'Ovide : car ce qu'ils appèlent lois générales du mouvement, principes mécaniques, modifications de la matière, figure, situation et arrangement des corpuscules, ne comprend autre chose que cette vertu active et passive de la nature, que les Péripatéticiens entendent sous les mots de qualités altératrices et motrices des quatre élémens. (On ne peut douter sur ce que j'en ai dit, que la description poëtique qu'Ovide a faite du cahos, ne soit très-vicieuse; mais cela ne sauroit être, comme Bayle a voulu le faire entendre, en ce qu'il a admis avec toute l'antiquité l'éternité des élémens de la matière; mais en ce qu'il leur attribuoit l'hétéréogenéité et la fausse activité de se combattre entr'eux.) *Puis donc*, continue ce philosophe, *que suivant la doctrine de ceux-ci, ces quatres corps situés selon leur légéreté et leur pesanteur naturelle, sont un principe qui suffit à toutes les générations, les Cartésiens, les Gassendistes et les autres philosophes modernes, doivent soutenir que le mouvement, la situation et la figure des parties de la ma-*

tière, *suffisent à la production de tous les effets naturels, sans excepter même l'arrangement général qui a mis la terre, l'air, l'eau et les astres où nous les voyons.*

C'est ce qui ne peut être admis ; car on vient de voir page 397, que les Péripatéticiens n'avoient pas plus de raison à croire que l'air, le feu, la terre et l'eau, situés selon leur légéreté et leur pesanteur naturelle, qui n'auroient pu former qu'un seul globe immobile, fussent un principe qui, exclusivement à tous autres, suffisoit à toutes les générations, que n'en ont les Cartésiens, les Gassendistes et autres philosophes modernes à soutenir que le mouvement, la situation des parties et la figure de la matière, suffisent seuls à la production de tous les effets naturels ; encore moins qu'ils aient pu par eux-mêmes opérer l'arrangement général qui a mis la terre, l'air, l'eau et les astres où nous les voyons placés, et où ces astres se meuvent d'une manière aussi invariablement réglée qu'ils le font. Cela même est confirmé par ce que Bayle ajoute ; savoir, *que la véritable cause du monde et des effets qui s'y produisent, n'est point différente de la cause qui a donné le mouvement aux parties de la matière, soit qu'en même-temps elle ait assigné à chaque atome une figure déterminée, comme le veulent les Gassendistes, soit conformément à l'hypothèse des Cartésiens, qu'elle ait seulement donné à des parties toutes cubiques une impulsion qui, par la durée du mouvement réduit à de certaines lois, leur feroit prendre dans la suite toutes sortes de figures;* par la raison que cette véritable cause ne peut être que Dieu qui, pour me servir des expressions de ces philosophes, a donné aux parties ou agrégats d'atomes une impulsion qui, par la durée du mouvement réduit à de certaines lois, leur a fait prendre toutes sortes de figures.

Les uns et les autres, poursuit Bayle, *doivent convenir par conséquent que si la matière avoit été telle avant la génération du monde, qu'Ovide l'a prétendu, elle au-*

roit été capable de se tirer du cahos par ses propres forces, et de se donner la forme du monde, sans l'assistance de Dieu. Ils doivent donc accuser Ovide d'avoir commis deux bévues, l'une d'avoir supposé que la matière avoit eu sans l'aide de la Divinité les semences de tous les mixtes, la chaleur, le mouvement, etc. l'autre est de dire que sans l'assistance de Dieu, elle ne se seroit point tirée de l'état de confusion. C'est donner trop et trop peu à l'un et à l'autre, c'est se passer de secours au plus grand besoin, et le demander lorsqu'il n'est plus nécessaire. La bévue qu'on peut reprocher à Ovide, n'est certainement pas d'avoir eu recours à Dieu pour produire le monde; mais celle dont il est vraîment répréhensible, est d'avoir supposé que la matière élémentaire avoit de toute éternité les qualités secondaires, qu'elle n'a reçu de Dieu qu'à l'origine des choses, et d'avoir cru que composant le cahos, elle y avoit toujours été essentiellement active, hétérogène, et ses élémens dans un état perpétuel de confusion

confusion et de guerre, sur quoi Bayle a finalement raison de l'attaquer. Or encore dans cette fausse hypothèse, et quoiqu'en dise ce philosophe, le concours de la Divinité se trouvoit également essentiel, pour en former les mondes et les orner d'habitans; car j'ai prouvé pag. 396, qu'en supposant en soi aux élémens primitifs de la matière, la même hétérogénéité, et les mêmes qualités secondaires dont les quatre premiers mixtes ont été revêtus, lors de la formation des corps, ils ne se seroient jamais réunis, indépendamment de la Divinité, qu'en une seule masse immobile, qu'auroit environnée une vaste athmosphère d'air et d'atomes purement lumineux. Ainsi ils n'auroient pu se donner à eux-mêmes toutes les formes et mouvemens infiniment variés et concordans, que Dieu a transmis à toutes les parties de l'Univers. Ils n'auroient donc pu non plus produire les êtres animés et végétans, et moins encore les êtres pensans, que ce philosophe a prudemment fait d'en excepter formellement.

En répondant aux assertions de Bayle sur le cahos, tel qu'Ovide l'a représenté, j'ai cru devoir entrer dans quelques explications sur le vice radical de l'exposé qu'en fait ce poëte latin, et qui avoit pour objet la prétendue activité essentielle aux élémens primitifs de la matière ; parce que les incrédules en Dieu y ont établi leur pernicieux système d'athéisme, et Bayle toutes ses plus fortes objections ou difficultés, contre l'éternité de ce principe passif.

Après avoir complètement satisfait à toutes ces difficultés, ainsi étayées sur la fausse application de force et de mouvement, qui fait le fondement de ce système, et que les athées n'attribuent intrinséquement à la matière première, qu'afin de pouvoir contester la toute-puissance que Dieu a notoirement exercée sur elle, dans la formation de l'Univers, j'établirai une simple objection, qui achevera de sapper par leur base, et le système des fauteurs de l'athéisme et celui des fauteurs de la création, qu'on ne sauroit être plus mal fondé, de part et d'autre, à opposer à la coéternité de ces deux principes; c'est que si les formes, mouvemens et autres modifications de la matière, étoient essentiels à cette substance, ils ne pourroient être attenués, accrus, ni changés, comme nous le voyons sans cesse, et que nous le faisons nous-mêmes en agissant sur elle, non plus que si ayant été créés de même que la matière, ils étoient inhérens à cette création.

Ainsi, comme je l'avois annoncé, la manière simple et directe dont je crois avoir satisfait à toutes les objections et difficultés, que Bayle et tous autres Auteurs ont accumulées contre l'éternité de la matière, et avoir aussi réfuté tous les principes et raisonnemens des athées, sur lesquels ce premier philosophe les a étayées; tout cela, dis-je, ne fait que renforcer l'évidence de son incréation, au point que si je ne me fais pas illusion, il ne peut exister désormais de vérité plus incontestable, que celles de la

coéternelle existence des deux principes, Dieu et la matière, ainsi que de l'inertie essentiellement inhérente à ce dernier principe passif, et de la souveraine et essentielle activité du premier. Il résulte aussi de la discussion où je suis entré, sur le plus beau et le plus grand problème philosophique qui ait encore pu se résoudre, et dont on a déja vu dériver une multitude de vérités les plus importantes, qu'on en conclura, je pense, avec J. J. Rousseau, que « cette coéter-
» nelle existence des deux principes a l'a-
» vantage d'expliquer clairement et sans
» peine, tant de questions dans lesquelles
» les philosophes s'embrouillent, entr'au-
» tres (dit-il) celle sur l'origine du mal. »

J'avois pris pour texte de *la dissertation* cette profonde pensée de Rousseau. Je crois en avoir démontré la vérité en elle-même, ainsi que par ses applications aux grandes questions de philosophie rationnelle, que j'ai eu à résoudre sur Dieu, l'ame, la matière, l'espace, etc., qui toutes ont concouru à prouver la providence Divine et la fausseté de tout athéisme. J'ai tâché de n'y employer que les notions simples, qui sont les plus à la portée de tous les esprits, en les fondant sur les saines idées de l'ordre et de l'analogie, et en évitant autant que je l'ai pu de faire usage des notions abstraites; parce que plus la métaphysique dont elle sont l'objet a d'importance, lorsqu'elle se borne au pur exposé des principes de chacune de nos connoissances, plus elle est abusive, lorsqu'une fois posés, on l'emploie à leurs développemens qui, devant être la confirmation de ces principes, ne peuvent généralement se fonder que sur leurs rapports avec les phénomènes de l'Univers, ainsi que sur l'analogie que ces développemens ont entr'eux et avec l'ordre constant de la nature.

FIN.

ERRATA.

Page vj, ligne dernière, *au lieu* en est, *lisez* leur est.

Page 28, ligne 21, *au lieu de* créateur, *lisez* le créateur.

Page 29, ligne 2, *au lieu* d'Amanius, *lisez* d'Arimanius.

Page 36, ligne 1, voyez le renvoi qui est au bas de la page 37.

Au bas de la page 38, retranchez le même renvoi.

Page 41, ligne 4, *au lieu* des petits, *lisez* des grands et petits.

Page 81, ligne 22, *au lieu de* pire, *lisez* pires.

Page 88, ligne 3, *au lieu de* rapport, *lisez* de rapport.

Page 122, ligne dernière, *ajoutez*, en soutenant que ce n'est que d'un seul des deux que dérivent toutes choses.

Page 124, ligne 14, *au lieu de* que j'ai déja ce me semble passablement bien dévelopée, *lisez* que j'ai déja établie.

Page 128, ligne 16, *au lieu de* au lieu, *lisez* tandis.

Page 135, ligne 23, *au lieu de* le dire formellement, *lisez* avouer formellement cette extraction.

Ibid, ligne dernière, *au lieu de* le, *lisez* la.

Page 171, ligne 5, *au lieu de* achever d'entrer, *lisez* encore entrer.

Page 172, ligne 5, *au lieu de* propre, *lisez* propres.

Page 193, ligne 14, *au lieu de* pesées, *lisez* établies.

Page 220, ligne 23, *au lieu de* faisant, *lisez* les faisant.

Page 260, ligne 24, *au lieu de* a eu, *lisez* a eus.

Page 272, ligne 8, *au lieu de* accélératrices, *lisez* altératrices.

Page 277, lig. 7, *au lieu de* périr, *lisez* être anéanti.

Page 284, lig. 23, *au lieu de* dérivent, *lisez* décrivent.

Page 307, lig. 5, *au lieu de* nous fait, *lisez* nous font.

Page 340, lig. 20, *au lieu de* mauvais, *lis.* mauvaises.

Page 380, lig. 8, *au lieu de* Peripaleliciens, *lisez* Péripatéticiens.

Page 386, lig. 15, *au lieu de* 266 *lisez* 323.

Supplément à l'Examen des Argumens que fait l'Auteur de La Philosophie de la Nature *&c.*, chap. VI, sec. I.ᵉʳᵉ, *afin de donner un peu plus d'extension à quelques-unes des conséquences de la verité des principes que j'ai établis.*

Des Philosophes éclairés, dit-il, tom. 1, page 45, *ont voulu décomposer la matière, pour trouver les élémens primitifs qui ont servi à la génération universelle; mais a-t-on réellement trouvé le corps simple qui est le principe des mixtes, et dans lequel ils se résolvent? Si cette découverte avoit été faite, le grand voile qui couvre l'essence des choses seroit déchiré, et l'homme pourroit peut-être créer comme la nature.*

Il est bon d'observer, que toute décomposition des êtres matériels, quelques imperceptibles qu'aient pu en être les résultats, ne nous a jamais présenté que des mixtes, qui par leur extrême petitesse, ne peuvent en dernière analyse se résoudre, qu'en des particules qui ne sauroient tomber sous nos sens. Et quoique ces molécules simples ne puissent s'appercevoir que par l'entendement, elles n'en sont pas moins réelles. C'est lui seul qui nous indique les qualités inhérentes qu'elles peuvent comporter. Mais par l'unique raison qu'elles forment l'élément de toutes choses, elles ne sont en elles-mêmes susceptibles d'aucune analyse ultérieure, qui puisse autrement nous les faire connoître. Ainsi, quand même la perfection de nos microscopes pourroit être portée au point de nous faire appercevoir ces élémens des mixtes, ce ne seroit pour nous qu'une curiosité de plus, qui loin de nous donner la faculté de créer, que n'a pas non plus la nature, ne nous permettroit seulement pas de recomposer les corps, d'où ils auroient été extraits.

Au surplus, on n'a pris l'idée qu'on se formoit de l'essence des choses, que dans la géométrie, où l'essence du triangle est d'avoir les trois angles égaux à deux angles droits, comme celle du cercle d'avoir tous les points de sa circonférence également éloignés du centre : et comme de là dérivent immédiatement toutes les propriétés du triangle, de même que celles du cercle, on s'est imaginé que de la connaissance de l'essence des choses, résulteroient pareillement tous les attributs ou propriétés de la nature, et de là dérivent également les efforts persévérans qu'on a fait dans tous les temps pour la pénétrer. Il en est cependant tout autrement de l'essence des choses, que dans les mathématiques ; puisque celles-ci, étant totalement de notre composition, nous ne faisons qu'en sortir ce que nous y avons mis, et qu'il n'existe peut-être rien dans toute l'étendue de la nature, qu'on puisse proprement appeler un triangle, un carré, un cercle, ni un globe parfaits. Il n'en est donc pas de même de l'essence des choses proprement dites : car nous ne pouvons connoître les qualités primordiales des élémens qui composent la matière, qu'en faisant abstraction de toutes les modifications contingentes ou qualités secondaires, dont Dieu l'a revêtue pour en former toutes les parties de l'univers, et pour les assujettir aux lois invariables que sa Suprême Providence y a établies. Or nous avons vu, page 166, qu'on ne pouvoit qualifier de propriétés véritablement essentielles et inhérentes à la matière, que ce qui n'a rien de contingent ni de versatile en elle, tels que ses élémens passifs dans leur désunion primitive; d'où j'ai fait clairement résulter, que son essence ou état éternel d'inertie, n'a pu consister que dans ses élémens homogènes, impénétrables et étendus, quoique les plus fixes et les plus imperceptibles aux sens; que c'est de cet état d'incohérence, que l'Être seul essentiellement actif a sorti la matière, pour lui donner toutes les formes, adhérences des parties constituant les corps, mouvemens et autres modifications hétérogènes et contingentes, que nous lui savons. Ainsi on peut dire que nous connoissons l'essence ou état originaire de la matière ; mais de laquelle ne sauroient résulter les modifications ou qualités secondaires qui, ne lui étant pas inhérentes, ne dérivent que de la cause suprême qui les lui a transmises, et qui en elles-mêmes ne peuvent être les conséquences de cette essence des choses.

Si, continue à dire ce philosophe, page 49, *la force est distinguée de la matière, il y a donc deux sortes d'êtres dans la nature; l'être qui opère, et l'être passif sur qui on opère; ce qui dans la langue philosophique est une absurdité.* Ce n'est point là que se trouve l'absurdité, mais au contraire dans la confusion que l'auteur fait de ces deux principes de toutes choses, et que la véritable langue philosophique ne sauroit jamais assimiler ni confondre ; parce que j'ai très-souvent fait voir, que rien ne peut être plus conforme à la vérité que cette distinction essentielle des deux principes qui existent dans la nature, l'un souverainement actif qui est Dieu, et l'autre purement passif qui est la matière, sur laquelle Dieu a agi pour en former toutes choses.

Puisque l'être, ajoute-t-il, *page 50, tend sans cesse à un changement qui le perfectionne, pourquoi les annales des hommes démontrent-elles que tout se détériore ? pourquoi la terre n'a-t-elle pas conservé son antique printemps ? pourquoi ne vivons-nous plus l'âge des patriarches ? Si tout se perfectionne, tout originairement a donc été mal : or comment, tout étant d'abord passif, y a-t-il aujourd'hui quelque chose d'actif ? comment la matière inerte est-elle devenue intelligente ?* Cette incertitude, si tout se perfectionne ou si tout se détériore, détruisant les objections de ce philosophe dans l'un et l'autre cas opposés, prouve elle-même que la nature des choses que Dieu a établie, est telle qu'elle a toujours existé depuis l'origine qu'il a donnée aux êtres corporels, comme aux êtres intelligens, et que ce n'est que de lui seul que part l'activité que les êtres qu'il a organisés ont dès-lors acquise. C'est pourquoi la longévité qu'ont paru avoir les premiers patriarches, pourroit fort bien ne provenir que des annales où Moïse a puisé, qui ont pu dans cette origine du genre humain, ne calculer les années que par le nombre des révolutions de la lune, jusqu'à ce que les descendans de Noé ne les aient par la suite calculées qu'en les faisant concorder aux révolutions du soleil, comme le font encore, à l'exemple des juifs, presque tous les peuples orientaux, et alors l'âge de ces patriarches n'auroit eu que les bornes ordinaires, puisque la vie de Matusalem, qui paroît avoir le plus vécu, n'auroit presque pas excédé 78 ans.

De ce que tous les phénomènes de la nature s'expliquent avec un principe actif, ce philosophe en conclut, page 53, que *Dieu qui formeroit une matière inerte, créeroit un être inutile, qu'il établiroit deux causes pour produire un seul effet, et par là manqueroit d'intelligence;* ce qui paroît ne vouloir reconnoître de principe actif que dans la matière, que DIEU n'a point créée, mais que par sa propre activité il n'a fait que mouvoir et organiser. Ainsi, c'est battre inutilement la campagne, que d'opposer à cela, que *la matière vive ne peut donner l'origine à une matière morte*, et que d'objecter d'autres inconséquences aussi formelles, que la notion de l'inertie essentielle à la matière ne suppose pas.

Ce Philosophe observe, page 164, sans en faire hommage à la Divinité, que *nous ne pouvons jetter un coup d'œil autour de nous, sans voir que tout est animé, qu'une goutte d'eau est la demeure d'un peuple d'animalcules microscopiques, qui naissent, multiplient et se métamorphosent.* Il en conclut à faux que *partout où il y a du mouvement, il y a des êtres sensibles, et que cela fait paroître que le mouvement est essentiel à la matière*; parce qu'il ne suffit pas de mouvoir un bloc de marbre pour lui donner la sensibilité, et qu'au contraire ce mouvement qui lui est

est communiqué, prouve lui-même qu'il n'a point de mouvement qui lui soit inhérent et essentiel ; que celui-là auroit détruit s'il eût été en sens contraire, ou qu'il auroit accru s'il étoit dans le même sens ; ce qui n'auroit également pu se faire, et qui rendroit toute communication de mouvement impossible.

S'il étoit possible, dit-il, page 219, *de répondre à cette objetion terrible, comment tout ayant été primitivement homogène, tout est maintenant hétérogène, je mettrois cette idée aux rang des axiomes, et non dans la classe des hypothèses. Quoiqu'il en soit, la raison nous dit que tout fut originairement homogène, et nos sens nous apprennent que rien ne l'est aujourd'hui ; mais ce n'est que par la voie du mélange que les corps ont pu passer de l'homogénéité à l'hétérogénéité apparente qui nous fait illusion.*

Cette objection de l'hétérogénéité actuelle de la matière, qui ne l'étoit originairement pas, n'est véritablement formidable que dans le sens des fauteurs de l'Athéisme et des fauteurs de la Création, qui ne veulent admettre qu'un principe universel de toutes choses, qui n'auroit pu se modifier ainsi lui-même; mais elle ne peut l'être pour les Philosophes qui en reconnoitront deux, l'un essentiellement actif, l'autre de toute éternité passif et homogène, sur lequel le premier principe a fait usage de sa suprême puissance et activité, pour le modifier et lui déférer toutes les différentes hétérogénéités que nous reconnoissons à la matière, et c'est à bon droit qu'on doit mettre cette vérité au rang des axiomes; car on ne peut douter, comme je l'ai prouvé et comme l'observe cet Auteur, que les élémens de toutes choses ne fussent originairement homogènes. Mais s'ils n'avoient été que mélangés, cette mixion des mêmes élémens n'auroit pu former que des touts pareillement homogènes; car j'ai aussi prouvé, page 266, que l'hétérogenéité des corps ne peut provenir que des différentes situations, arrangemens et configurations que Dieu a donnés à toutes leurs diverses parties élémentaires.

C'est ce qui lève parfaitement la difficulté que forme ce Philosophe, Tom. 2.ᵉ, page 209, en partant de ce que *le hasard ne sauroit être le premier principe*, pour demander, *pourquoi tout ce qui existe n'est-il pas nécessaire ?* Parce que rien ne peut être nécessaire que ce qui a existé de toute éternité ; et comme toutes les choses ne dérivent que des modifications que Dieu, principe essentiellement actif, a données à la matière passive et morte, mais éternelle comme lui, il s'ensuit que toutes choses ayant eu un commencement, rien de ce qui existe, et qui en est résulté, ne peut être nécessaire ou avoir toujours été.

Je regarde, dit-il, Tom. 5, page 196, *l'harmonie des êtres comme une des plus fortes démonstrations de l'existence de* Dieu: *puisque cette harmonie existe, il est probable qu'elle a toujours existé ; le cahos est donc un être de raison*. De ce principe incontestable, que l'harmonie des êtres est la plus forte démonstration de l'existence de Dieu, ce Philosophe en tire la fausse et contradictoire conséquence, que cette harmonie qui existe, a toujours existé, et que le cahos est un être de raison ; parce que cette harmonie des êtres n'est que l'effet de la Toute Puissance Divine, qui a tout tiré de la matière préexistante, qu'on a toujours désigné sous le nom de cahos. Mais alléguer que l'harmonie des êtres, et par conséquent l'Univers, sont éternels comme Dieu, c'est nécessairement supposer leur formation indépendante de lui ; c'est en faire proprement des êtres nécessaires, et les résultats du mouvement essentiel à la matière, dont j'ai démontré la fausseté.

Le cahos, est-il déjà dit, est donc un être de raison ; il est donc impossible qu'il y ait eu un temps où la grande machine étoit imparfaite, tandis que dans une autre des mites raisonnantes ont été assez éclairées pour découvrir cette imperfection ; mais la matière n'a pu d'elle-même acquérir cette foule de mouvemens variés, qui se balancent sans cesse sans se détruire, pour concourir à l'organisation du grand tout. Il y a donc un Etre Suprême. Il en est tout autrement ici, où ce Philosophe fait dériver la vérité indubitable qu'il y a une Etre Suprême, de l'assertion érronnée dont il l'a faite précéder : car il ne s'ensuit pas de la réalité du cahos ou matière éternellement existante, qu'il fut un temps ou la grande machine que Dieu en a tirée fut imparfaite; puisque aucun ouvrage de cette suprême intelligence n'a pu dans aucun temps être défectueux, et qu'il reconnoît que la matière n'a pu acquérir d'elle-même cette foule de mouvemens variés, qui se balancent constamment sans se détruire, pour concourir à l'organisation du grand tout.

On me demandera sans doute, ajoute-t-il, page 197, *quel est cet être distingué de la matière, qui a donné la première impulsion à ses élémens ? Comment est-il possible que l'harmonie des être ayant toujours existé, une intelligence ait présidé à cette harmonie*, etc. L'embarras pour tout autre que pour ce Philosophe, ne tombe pas sur la première difficulté que les Athées pouvoit lui faire, si elle n'a pas pour objet de demander quelle est l'essence de DIEU, qu'on ne peut substanciellement connoître que par ses œuvres; en ce qu'elles ne sauroient être attribuées activement à la matière, dont j'ai prouvé la parfaite inertie, ainsi que la distinction formelle avec cet être essentiellement actif, quelqu'en soit l'essence. S'il trouve le même embarras pour résoudre la dernière difficulté, ce n'est que parce qu'il s'est mis en contradiction avec lui-même, en éternisant gratuitement l'harmonie des êtres, à laquelle suivant cela l'intelligence suprême n'auroit pu présider, ni lui donner la première impulsion. C'est ce qui fait voir combien il est mal fondé, en voulant soutenir la bonté de sa cause, dans l'impuissance absolue où il est de la justifier : car il ajoute : *Je connois aussi bien que l'Athée,* toutes les objections qu'il peut me faire. Il en est même auxquelles je ne vois pas de réponse ; mais c'est la faute de mon intelligence, et non la preuve de la foiblesse de ma cause ; mes réponses dépendent de la solution de quelques problèmes dont je n'ai aucune donnée ; j'aime mieux dire avec Montagne, je ne sais pas, que de tromper les hommes avec les Athées et les Théologiens. Ce sont ces problêmes qu'il va proposer aux savans, comme des énigmes, auxquelles il ne sera pas difficile par ma théorie de donner les éclaircissemens qu'il désire, et dont elles peuvent être susceptibles.

Voici, dit-il, page 198, *quelques énigmes dont l'explication est liée avec la question qu'on me propose.*

Pourquoi existe-t-il quelque chose ?

Pourquoi l'être primitivement homogène est-il devenu un composé hétérogène ?

Je réponds à la fois à ces deux questions, conformément aux preuves que ma théorie en fournit, que c'est parce que les choses ne se sont point faites elles-mêmes; mais qu'il a fallu pour les former qu'il existât une matière homogène et passive, sur laquelle l'être souverainement actif et puissant a agi, pour en opérer toutes les productions hétérogènes, dont la nature nous présente sans cesse le tableau.

L'espace subsiste, puisque le vide sans lequel les corps ne pourroient se mouvoir est démontré : or, qu'est-ce que l'espace ?

J'ai répondu catégoriquement à cette question, page 165, en distinguant les attributs ou qualités qui sont propres à l'espace, de ceux qu'il a de commun avec la matière.

La matière existe de toute éternité ; mais qu'est-ce que l'eternité ? Par quelle absurde conséquence suis-je obligé d'admettre une durée éternelle qui se divise, et dont une partie est déjà écoulée ?

Quoique cette dernière objection soit applicable à tous les systèmes, j'ai déjà dit, page 235, que nous ne pouvions nous former, d'une manière très-restrainte,
d'autre

d'autre idée de l'éternité, que celle d'une durée qui a toujours été et qui sera toujours, ou pour mieux dire, qu'une durée à laquelle on ne sauroit concevoir, ni commencement ni fin; ce qui en forme une notion complexe qui, toute circonscrite qu'elle est pour un être aussi borné que nous, en durée et en intelligence, lie, sans diviser, à l'instant de notre existence, ces deux portions de l'éternité, dont il nous paroît faire la distinction.

Ces énigmes, termine ce Philosophe, page 199, *regardent l'Athée comme le Théiste, et Spinosa ne les expliquera pas mieux dans son systéme, que Newton dans le sien; mais ce ne sont que des énigmes, que les Œdipes d'autres Planètes, avec un plus grand nombres d'organes et une intelligence plus parfaite, peuvent expliquer.*

Ce sont effectivement tout autant d'énigmes inexplicables pour tous les sectaires en Athéisme et en création, qui n'admettent également qu'un seul principe de toutes choses. Mais cela n'en est point dans la co-éternité des deux principes, DIEU et la matière; puisque je n'ai cessé de faire voir dans tout le cours de la théorie que j'en ai établie, qu'il n'est presque pas de problème de Philosophie rationnelle qui n'y trouve sa solution, ou qu'on ne parvienne à résoudre, sans qu'il soit nécessaire d'en aller chercher l'explication chez ceux des habitans des autres planètes qui, ayant un plus grand nombre d'organes, en acquérent une intelligence plus parfaite que la nôtre.

Dans l'intime conviction où cependant me paroît être ce Philosophe, sur la Providence Divine, il me saura bon gré de lui avoir fait remarquer, ce qui dans son ouvrage y est le plus contradictoire, et qui, dépréciant entièrement la bonté de cette production, le mettra à même d'en corriger à cet égard les imperfections, dans une nouvelle édition qu'il pourra en donner. Je croirai alors pouvoir me féliciter de lui en avoir fait naître l'idée, et d'avoir coopéré avec lui-même à résoudre ses doutes.

AUTRE ERRATA.

Page 1 du frontispice ; *ajoutez au bas*, an X.
Page 108, ligne 13, an IX, *lisez*, an X.
Page 111, ligne 18, démentir ; *lisez*, démenti.
Page 165, ligne 18, affectuons ; *lisez*, effectuons.
Page 169, ligne 10, après avoir rapporté ; *lisez*, en rapportant.
Page 219, ligne 19, emploie ; *lisez*, emploi.
Page 223, ligne 19, emploie ; *lisez*, emploi.
Page 231, ligne 24, martyre ; *lisez*, martyr.
Page 235, ligne 8, permet ; *lisez*, permettent.
Page 248, ligne 24, ojbets ; *lisez*, objets.
Page 251, ligne 12, ne les ont que trop altérées ; *lisez*, n'en ont que trop altéré les notions.
Page 275, ligne 2, la Toute Puissance ; *lisez*, la bonté, l'immutabilité.
Page 396, ligne 2, rangassent ; *lisez*, rangeassent.
Page 409, ligne 8, elle ; *lisez*, elles.

De l'Imprimerie de Burkel et Ce,
An X

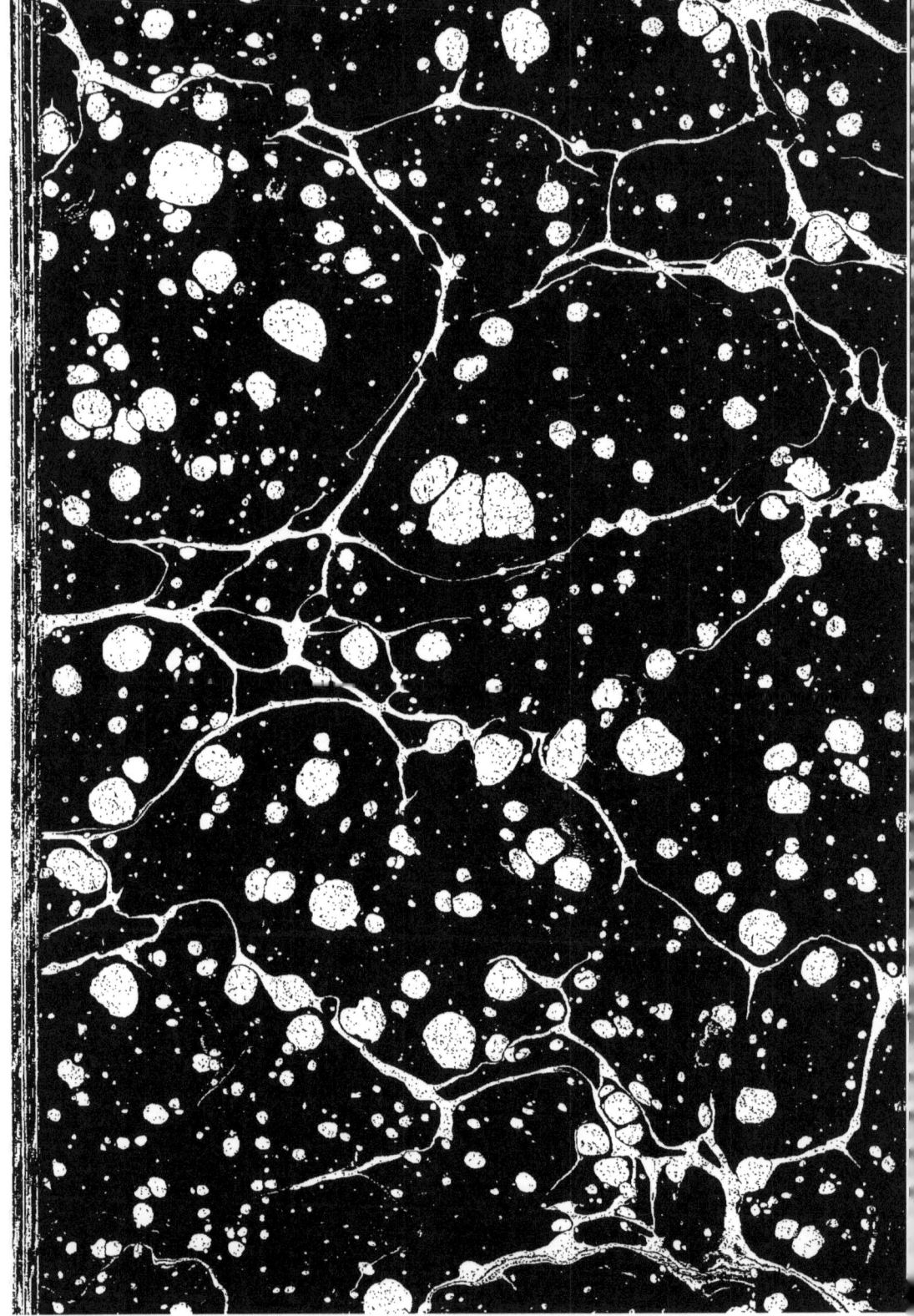

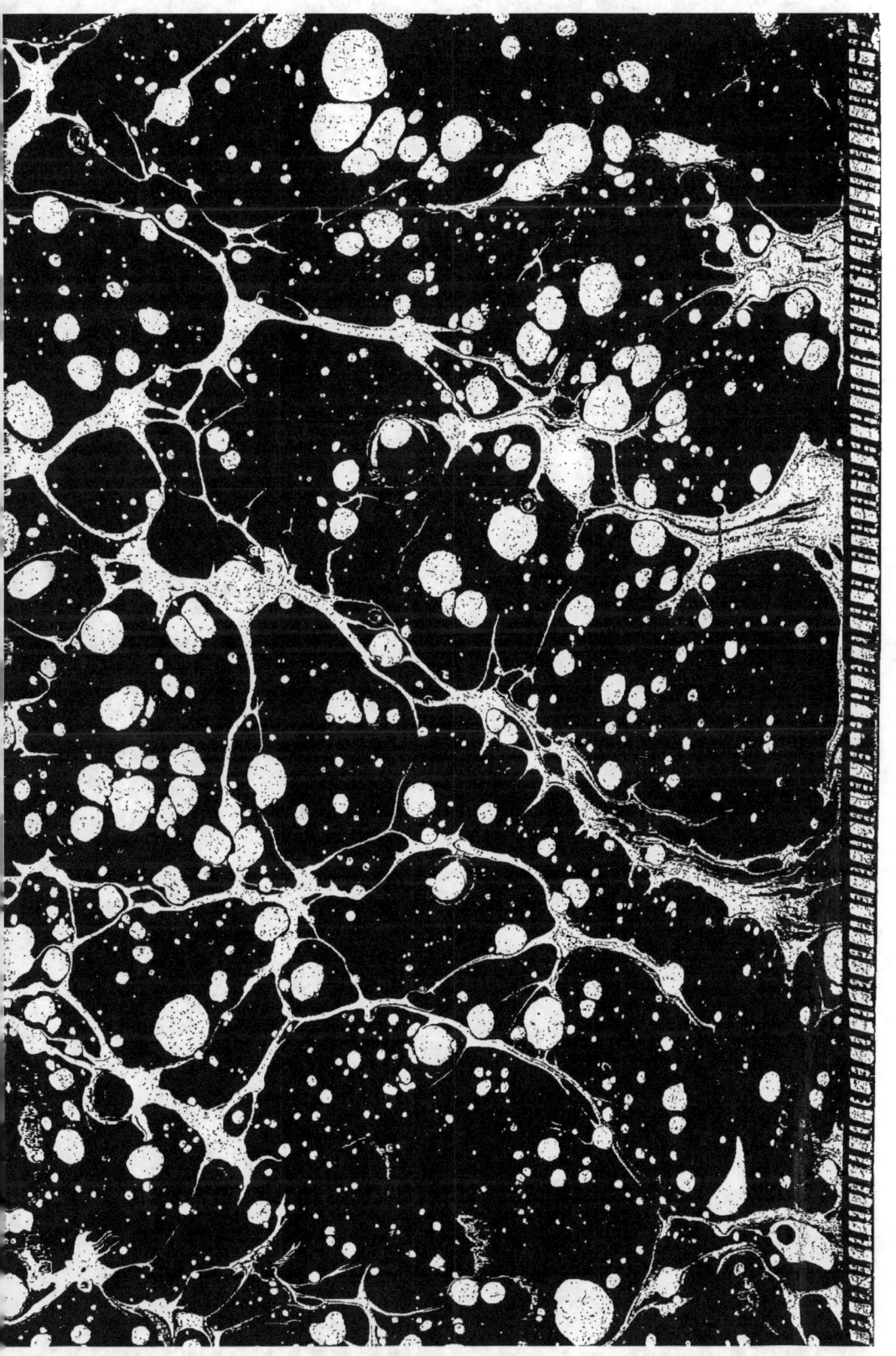

www.ingramcontent.com/pod-product-compliance
Lightning Source LLC
Chambersburg PA
CBHW070540230426
43665CB00014B/1753